35 Jahre Wiedervereinigung – Rückblicke, Einblicke, Zukunft

D1997095

35 Jahre Wiedervereinigung – Rückblicke, Einblicke, Zukunft

Mit einem Grußwort von Rainer Haseloff,
Ministerpräsident des Landes Sachsen-Anhalt

Herausgegeben von Werner Schreiber

mitteldeutscher verlag

Inhalt

Zu diesem Buch

Am Abend des 9. November 1989 wurde Weltgeschichte geschrieben: Mit der Öffnung der Berliner Mauer und in der Folge weiterer Übergänge zwischen der DDR und der Bundesrepublik Deutschland wurde die jahrzehntelange Teilung in Ost und West überwunden. Hundertausende strömten in die Städte und Gemeinden im Grenzgebiet, wurden euphorisch empfangen und feierten gemeinsam.

Es begann eine lange gemeinsame Transformation des Neuaufbaus und sicher auch des Kennenlernens. In diesem Jahr feiern wir den 35. Geburtstag der Deutschen Einheit. 40 Jahre lebten wir in zwei deutschen Staaten und wurden in unterschiedlichen politischen Systemen sozialisiert.

Mittlerweile ist eine neue Generation herangewachsen, die zum Teil keinen unmittelbaren Bezug zum Beginn der neuen Ära aufweist. Bei diesem Buch geht es um Rückblicke, um Entwicklungen, um persönliche Erlebnisse anlässlich der Öffnung der Mauer. Es geht aber auch um die unmittelbaren Jahre danach, um Neuorientierung in den ersten Jahren im gemeinsamen vereinigten Deutschland. Auch deshalb sollten wir diesen besonderen Tag der Deutschen Einheit nicht kommentarlos an uns vorübergehen lassen. Wir blicken in diesem Jahr auch zurück auf 80 Jahre Kapitulation Nazideutschlands, und damit das Ende des Zweiten Weltkrieges, des Ausgangspunkts der Deutschen Teilung. Gleichzeitig müssen wir uns mit der derzeitigen geopolitischen Lage auseinandersetzen, die viele Menschen verunsichert.

Deshalb: Wir sollen und müssen aus der Geschichte lernen. Es ist wichtig, dass wir uns erinnern, um aus den Erkenntnissen des Gestern für morgen gerüstet zu sein.

Werner Schreiber

Grußwort von Ministerpräsident Dr. Reiner Haseloff für die Publikation „35 Jahre Deutsche Einheit“

„Das gesamte Deutsche Volk bleibt aufgefordert, in freier Selbstbestimmung die Einheit und Freiheit Deutschlands zu vollenden.“ So lautete ursprünglich der Schlusssatz in der Präambel unseres 1949 verabschiedeten Grundgesetzes. Die Präambel war eine Art Wegweiser. In ihr spiegelten sich auch die Wünsche und Hoffnungen der Verfassungsväter und -mütter. 41 Jahre später wurde die deutsche Einheit gewaltfrei durch den Freiheitswillen der Bürgerinnen und Bürger der DDR vollendet und der Schlusssatz der Präambel neu gefasst. Erst kam die Freiheit, dann die Einheit. Der Fall der Mauer und die deutsche Einheit bleiben für die allermeisten Deutschen ein Tag der großen Freude. Sie zählen zu den glücklichsten Momenten in der deutschen Geschichte des 20. Jahrhunderts.

Schon sehr früh begann die historische Forschung, sich mit den Voraussetzungen, Entscheidungsprozessen und Folgen der deutschen Einheit zu beschäftigen. Ihr Schwerpunkt lag dabei auf der Politikgeschichte und biografischen Studien. Die Sozialgeschichte stand hingegen weniger im Fokus des Interesses. Wichtige Ausnahmen waren Dieter Grossers breitangelegte Untersuchung über das „Wagnis der Währungs-, Wirtschafts- und Sozialunion: Politische Zwänge im Konflikt mit ökonomischen Regeln“ (1998) und Gerhard A. Ritters Buch über den „Preis der deutschen Einheit. Die Wiedervereinigung und die Krise des Sozialstaats“ (2007).

Die nationale Frage war 1990 beantwortet worden. Jetzt stellte sich die soziale Frage neu. Die deutsche Sozialpolitik stand vor enormen Herausforderungen. Denn zwischen den gut 40 Jahre getrennten Wirtschafts- und Gesellschaftssystemen bestand eine große Kluft. Die daraus resultierenden Probleme waren evident. Die Politik musste sowohl auf die Herausforderungen der deutschen Einheit als auch auf globale Entwicklungen reagieren. Die Jahre unmittelbar nach der Vereinigung waren vor allem von Reformen und Veränderungen geprägt. Zentrale Themen waren die soziale Sicherung, die Arbeitsmarktpolitik und die Finanzierung des Sozialstaates.

Und hier setzt das von Werner Schreiber herausgegebene Buch ein. Seine Perspektive ist die Mikro-, nicht die Makrogeschichte. Die Autoren des Bandes sind Zeitzeugen, die aktiv über einen langen Zeitraum an der sozialpolitischen Ausgestaltung der deutschen Einheit beteiligt waren. Zu Wort kommen unter anderem Kommunal- und Landespolitiker, ein Unternehmer und ein Museums- und Büroleiter. Ihre Erfahrungen sind mehr als nur eine Ergänzung gängiger Geschichtsnarrative.

An dieser Stelle sei mir eine persönliche Anmerkung erlaubt. Anfang der 1990er Jahre war ich als Arbeitsamtsdirektor in Lutherstadt Wittenberg unmittelbar mit der Sozial- und Arbeitsmarktpolitik befasst. Damals mussten wir große und ineffiziente Betriebe und Kraftwerke schließen. Von einem zum anderen Tag verloren Menschen ihren Arbeitsplatz, und wir mussten an manchen Tagen gleichzeitig mehreren Tausend Menschen ihren Antrag auf Arbeitslosengeld aushändigen. Die Enttäuschung in den Gesichtern vieler Menschen werde ich nicht vergessen. Während sich für die meisten Bürger der „alten“ Bundesrepublik nach 1989 nichts veränderte und grundsätzlich alles beim Alten blieb, kam es in den Biografien von vielen damaligen DDR-Bürgerinnen und -Bürgern zu einschneidenden Veränderungen und Zäsuren. Über enttäuschte Hoffnungen und Brüche in deren Biografien haben wir viel zu wenig gesprochen. Taten wir es, dann fehlte es oft an Empathie.

Nicht alles verlief optimal. Auch nach 35 Jahren bleibt noch viel zu tun. Wie könnte es auch anders sein? Die innen- wie außenpolitischen Herausforderungen der Gegenwart sind zweifellos groß. Dennoch besteht kein Anlass zu Defätismus. Denn wir haben beim Aufbau Ost beachtliche Erfolge erzielt. Nicht zuletzt hieraus können wir Kraft und Zuversicht für die Zukunft schöpfen. Das gilt umso mehr, als es keinen Masterplan für die deutsche Einheit gab. Nicht alles war planbar, und doch haben wir gemeinsam sehr viel erreicht. Von den kleinen wie großen Erfolgen, von dem, was bleiben wird, aber auch den Alltagsschwierigkeiten und Herausforderungen nach 1990 erzählt dieses Buch, dem ich eine große Resonanz und eine aufgeschlossene Leserschaft wünsche.

Dr. Reiner Haseloff
Ministerpräsident des Landes Sachsen-Anhalt

Rückblicke, Einblicke, Zukunft

Werner Schreiber

Nach dem Zusammenbruch

Am 5. Mai 1945 kapitulierte das von den Nationalsozialisten diktatorisch mit großer Brutalität regierte sogenannte „Dritte Reich". Der Zweite Weltkrieg mit Millionen von Toten und Verwundeten, mit zerbombten Städten und Landschaften war beendet. Es war die Stunde null. Deutschland wurde von den Siegermächten USA, Großbritannien, Frankreich und der Sowjetunion in Besatzungszonen aufgeteilt. Die Gebiete östlich der Oder/Neiße wurden abgetrennt und unter polnische Verwaltung gestellt. Das frühere Königsberg wurde bereits 1946 in Kaliningrad umbenannt und Teil der Sowjetunion. Weit über zwölf Millionen Deutsche flüchteten aus den besetzten und abgetrennten Gebieten im Osten überwiegend in die westlichen Besatzungszonen. Das Saargebiet wurde als halbautonomes Saarland unter der Aufsicht Frankreichs etabliert. Die Siegermächte waren sich sehr schnell uneinig über die weitere Entwicklung Europas und der besetzten Gebiete. Hier die Sowjetunion mit ihrer Ideologie des Marxismus-Leninismus und dem Ziel der kommunistischen Weltherrschaft, dort die sogenannten Westmächte, kapitalistisch, sozial, demokratisch mit offenen Gesellschaften. Es begann der Kalte Krieg und in der Folge die Teilung Deutschlands durch die Gründung der Bundesrepublik Deutschland am 23. Mai 1949 und der Deutschen Demokratischen Republik am 7. Oktober 1949.

Die Hauptstadt Deutschlands, Berlin, wurde in Sektoren aufgeteilt, indem die Sieger des Zweiten Weltkrieges das Sagen hatten. In der Bundesrepublik Deutschland entwickelte sich schnell die soziale Marktwirtschaft. Die DDR suchte ihr Heil unter dem Einfluss und Diktat der Sowjetunion im Sozialismus. Grenzen wurden befestigt, strenge Kontrollen eingeführt, die Begegnungen der Menschen aus Ost und West, unter ihnen viele Verwandte, wurden erschwert, waren darüber hinaus auch nicht erwünscht. Mit dem Bau der Mauer in der Nacht vom 12. auf den 13. August und dem Ausbau der Grenzanlagen wurde die DDR abgeriegelt. Der sogenannte „Eiserne Vorhang" in Europa ging komplett herunter. Von 1945 bis zum Bau der Mauer flohen rund 3,5 Millionen DDR-Bürger von Ost nach West – ein riesiger Aderlass an Menschen, darunter viele Fachkräfte.

In dieser Atmosphäre des Kalten Krieges bin ich sozialisiert worden, als Betonfacharbeiter, als wehrpflichtiger Soldat, als Student und Sozialarbeiter und später als Landes- und Bundespolitiker. Zum Zeitpunkt des Baus der Berliner Mauer befand ich mich bei einem Lehrgang zum Reserveunteroffizier und habe unmittelbar erlebt, welche gefährlichen Spannungen der Ost-West-Konflikt hervorrief. 16 Jahre nach dem Ende des entsetzlichen Zweiten Weltkrieges galt die These vom Gleichgewicht des Schreckens vor dem Hintergrund der Aufrüstung beider Seiten mit Atomwaffen. Es war kein Frieden, es war vielmehr die Abwesenheit von Krieg. Ich persönlich und mein ganzes Umfeld und sicher der Großteil meiner Generation, privat wie beruflich, glaubte nicht daran, dass sich in einem überschaubaren Zeitraum die Bundesrepublik Deutschland und die Deutsche Demokratische Republik vereinigen würden.

Das war ohnehin nur realistisch mit der Auflösung des Ost-West-Konfliktes, konkret mit dem Ende der Spaltung Europas. Standen doch die osteuropäischen Staaten ebenfalls unter dem Einfluss der

Sowjetunion. Als Abgeordneter des Deutschen Bundestages, tätig im Ausschuss für Arbeit und Soziales, aber vor allem auch in den Ausschüssen für wirtschaftliche Zusammenarbeit und dem Ausschuss für auswärtige Angelegenheiten, befasste ich mich unter anderem mit dem Thema Menschenrechte und Demokratisierung. Vor diesem Hintergrund verabredete ich mich mit Kollegen im Oktober 1987 in Ost-Berlin mit einer Gruppe Kritiker des DDR-Regimes. Auch traf ich im Jahr 1988 in Bonn die Bürgerrechtlerin Bärbel Bohley. Sie wurde von der DDR-Behörde ins Exil gezwungen und hatte die Befürchtung, dass ihr eine Rückkehr verwehrt würde. Mit der Hilfe vom damaligen Ministerpräsidenten des Saarlandes, Oskar Lafontaine, und seinen guten Kontakten zur DDR-Regierung konnte sie in die DDR zurückkehren. Das Gespräch im Oktober 1987 verstärkte eigentlich meine Befürchtungen, dass ich persönlich eine Vereinigung der beiden deutschen Staaten nicht mehr erleben würde. Die Gesprächspartner wollten im Grunde eine sozialistische Republik ohne Repressalien mit freien Wahlen und ohne Stasi. Wie dem auch sei, der Besuch verursachte einen großen Presserummel und bescherte mir ein Einreiseverbot, das ich einige Male testete, das aber bis zum 21.09.1989 Bestand hatte. An diesem Tag wurde mir die Einreise wieder gestattet, allerdings unter Bewachung der Stasi. Bei dieser Gelegenheit habe ich in Berlin auch wieder mit Bärbel Bohley sprechen können und mit Rainer Eppelmann, einem der Gesprächspartner im Oktober 1987. Die ganze Aktion Ost-Berlin brachte mir eine etwa 50-seitige Stasi-Akte ein, die ich mir später zusenden ließ. Es würde zu weit führen, mit weiteren Details aufzuwarten. Festzustellen ist jedoch, dass damals viel Bewegung in der Deutschlandfrage erkennbar war.

Trotz der ungeklärten Situation, dem Ausreisedruck und dem denkwürdigen Gorbatschow-Besuch – „Wer zu spät kommt, den bestraft das Leben" – dachte ich persönlich nicht an eine schnelle Vereinigung. Ja, die Sowjetunion begann sich zu verändern. Glasnost und Perestroika bestimmten die innenpolitische Situation, aber nichts sprach dafür, dass sich Grenzen öffnen und sich Chancen für eine Vereinigung ergeben würden.

Die Öffnung

Ich muss nicht lange nachdenken, wenn mir die Frage gestellt wird, wo ich mich bei der sensationellen Öffnung der Berliner Mauer und in der Folge verschiedener Grenzübergänge befand. Am späten Nachmittag und Abend des 9. November 1989 referierte ich anlässlich einer Tagung mit dem Thema Entwicklungspolitik und internationale Zusammenarbeit in Trier. Nach getaner Arbeit sollte mich ein Dienstwagen des Deutschen Bundestages zurück nach Bonn bringen. Der Fahrer des Wagens überfiel mich mit der Information, die Grenzübergänge von Ost-Berlin nach West-Berlin wären geöffnet worden. Ich wollte es nicht glauben und dachte, er wollte sich einen Scherz erlauben. Die Übertragung im Radio belehrte mich eines Besseren. Tausende von Menschen strömten nach West-Berlin und nach den weiteren Öffnungen von Grenzübergängen in Städte und Dörfer in der Bundesrepublik Deutschland. Umgekehrt zog es Besucher durch die geöffneten Grenzübergänge nach Ost-Berlin und in andere Teile der DDR. Der Jubel, auf den ich traf, als ich endlich in Bonn an diesem geschichtsträchtigen 9. November eintraf, war unendlich, vielen standen die Tränen in den Augen. Und nun schreiben wir das Jahr 2025 und betrachten in einem gewissen Abstand das, was heute Geschichte ist.

Dieses Jahr 2025 ist gekennzeichnet von einer Reihe von Gedenktagen. 80 Jahre Ende des Zweiten Weltkrieges, aber auch 80 Jahre Befreiung des Konzentrationslagers Buchenwald und weiterer Konzentrationslager. Herausragendes Datum ist sicher für uns der 3. Oktober 2025. Dieses dokumentiert den 35. Jahrestag des Beitritts der DDR zur Bundesrepublik Deutschland. Es gibt ja noch einen Gedenktag, der auch ein Stück deutsche Geschichte dokumentiert. Am 23. Oktober gedenken wir in Saarbrücken den 70. Jahrestag der Abstimmung über das von Frankreich und Deutschland ausgehandelte Saarstatut. Ein Statut, das sicher für die Saarregion Chancen beinhaltete, aber letztlich die endgültige Loslösung von Deutschland bedeutet hätte. Das Ergebnis ist bekannt. In einer freien und geheimen Abstimmung lehnten die Saarländer das Saarstatut ab und kehrten nach Deutschland zurück. Frankreich hat diese Abstimmung sofort und ohne Zögern anerkannt und den Weg freigemacht zum Beitritt des Saarlandes zur Bundesrepublik Deutschland.

Diese Möglichkeit hatten die Bürger der DDR nach dem Zweiten Weltkrieg nicht. Es bedurfte der friedlichen Revolution und der krisenhaften Entwicklung im damaligen Ostblock, insbesondere in der UdSSR, um die Vereinigung zu erreichen. Nach der Öffnung der Mauer und der eindeutigen Willensbekundung der DDR-Bürgerinnen und -Bürger mit dem Ruf „Wir sind das Volk“, dem dann der Ruf folgte „Wir sind ein Volk“, wurden die Weichen für eine Vereinigung gestellt. Unvergessen das Verdienst des damaligen Bundeskanzlers Helmut Kohl, assistiert von der gesamten Bundesregierung. Sie haben die Chance erkannt und entschlossen gehandelt. Ein kleiner Spalt in der Tür stand offen, Helmut Kohl und seine Regierung haben, sinnbildlich gesprochen, den Fuß dazwischen gestellt. In der Bundesrepublik Deutschland gab es ja immer wieder auch die Diskussion um die Frage, welches System denn besser wäre. Und viele waren der Auffassung, Sozialismus wäre auch ein System, das man ausprobieren könnte. Die Realität sah jedoch anders aus. Ende der 1980er Jahre war die DDR praktisch bankrott. die Planwirtschaft war am Ende, die Staatssicherheit war allgegenwärtig. Sogenannte Wahlen wurden massiv gefälscht. Die Reisefreiheit war stark eingeschränkt. In Richtung Westen lief wenig. In einem Geheimbericht machte das Mitglied des Politbüros Gerhard Schürer bereits im Herbst 1989, kurz nach der Entmachtung Honeckers, klar, dass die DDR in den nächsten Jahren das Geld für Sozialleistungen, wie zum Beispiel die Renten, aber auch für Zinszahlungen in Devisen, angesichts der immensen Auslandsverschuldung nicht mehr aufbringen könne. Unzählige Arbeitsplätze, so die Diagnose, müssten abgebaut werden. Die Preise für die Konsumgüter müssten drastisch erhöht werden. Eine Senkung des Lebensstandards Ost um 25 bis 30 Prozent sei die Folge. Letztendlich brachte jedoch der Freiheitsdrang der Menschen, der Wille zur Veränderung die Mauer zum Fall.

Dabei spielte natürlich die Sowjetunion unter Michail Gorbatschow eine zentrale Rolle, die dem Ansinnen der DDR-Führung nicht nachgab, gewaltsam einzugreifen und das Regime der DDR zu retten. Perestroika und Glasnost waren Gorbatschows Devise. Sie waren allerdings vor allem der katastrophalen Wirtschaftslage der Sowjetunion geschuldet. Rund 300.000 Menschen siedelten nach der Öffnung der Mauer bis zum Jahresende 1989 über die nun offene Grenze in die Bundesrepublik Deutschland. Es war eine friedliche Revolution, die über die Bildung sogenannter „runder Tische“ in die ersten freien Wahlen der DDR-Geschichte einmündete.

Der Weg zur Einheit

Am 18. März 1990 gaben 93,4 Prozent der Wahlberechtigten ihre Stimme ab – ein nie wieder erreichtes Rekordergebnis. Die von der CDU unterstützte „Allianz für Deutschland“ erzielte einen überraschend hohen Wahlsieg. Ministerpräsident wurde Lothar de Maiziere von der CDU. Es war wie ein Plebiszit für die Deutsche Einheit auf dem kürzesten Weg. In einem wahren Verhandlungsmarathon zwischen den politisch Verantwortlichen der Bundesrepublik und der DDR wie auch mit den Siegermächten des Zweiten Weltkrieges wurden die Voraussetzungen für den Beitritt der DDR zur Bundesrepublik Deutschland geschaffen.

Ich möchte einige wichtige Daten wieder in Erinnerung rufen:

- *8. November 1989*: Fall der Mauer.
- *28. November 1989*: Bundeskanzler Helmut Kohl präsentiert das Zehn-Punkte-Programm für praktische Schritte zur Überwindung der Teilung.
- *7. Februar 1990*: Das Bundeskabinett beschließt, der DDR Verhandlungen über eine Wirtschafts- und Währungsunion anzubieten.
- *18. März 1990*: Erste freie Volkskammerwahl.
- *18. Mai 1990*: Staatsvertrag zur Währungs-, Wirtschafts- und Sozialunion.
- *23. August 1990*: In einer nächtlichen Sondersitzung beschließt die Volkskammer der Deutschen Demokratischen Republik mit mehr als 80 Prozent der abgegebenen Stimmen den Beitritt der DDR zum Geltungsbereich des Grundgesetzes der Bundesrepublik Deutschland gemäß Art. 23 GG, und zwar zum 3. Oktober 1990.
- *12. September 1990*: Zwei-plus-Vier-Vertrag, der Deutschland die volle Souveränität verschafft.
- *3. Oktober 1990*: Tag der Deutschen Einheit. In der Folge wurden die Länder wiederbelebt, die durch die DDR aufgelöst wurden.

Der Beitritt der DDR zur Bundesrepublik Deutschland war der schnellste Weg zur Vereinigung. Wie fragil die Situation damals immer noch war, zeigte sich wenige Monate später: Am 19. August 1991 hielt die Welt den Atem an. Eine Gruppe führender Funktionäre der Sowjetunion putschte gegen Gorbatschow, der auf der Krim festgesetzt wurde. Zu diesem Zeitpunkt waren auf dem Gebiet der früheren DDR noch zehntausende Sowjetsoldaten stationiert. Der Putsch scheiterte nach zwei Tagen, aber niemand kann mit Bestimmtheit sagen, wie sich die Situation nach einem Erfolg der Gegenrevolution entwickelt hätte.

Nicht vergessen darf man den Anteil der ersten frei gewählten DDR-Regierung unter Lothar de Maizière, der zur schnellen Wiedervereinigung führte. Das Resümee von Willi Brandt, Exkanzler und ehemaliger Oberbürgermeister von Berlin: „Nun wächst zusammen, was zusammengehört."

Die Herausforderung

Nach der Landtagswahl am 14. Oktober 1990 in den neuen Ländern der Bundesrepublik Deutschland wurde ich als Arbeits- und Sozialminister in die erste Regierung des wiederentstandenen Landes Sachsen-Anhalt berufen und am 1. November 1990 in Dessau vereidigt. Es war schon ein eigentümliches Gefühl, in einer Region, in der ich ein Jahr vorher noch unerwünscht war, Regierungsverantwortung zu übernehmen. Was mich persönlich betrifft, habe ich von Anfang an Wert darauf gelegt, auf die Menschen zuzugehen, gegenseitige Vorurteile abzubauen, Optimismus zu verbreiten und vor allem mich mit Land und Leuten zu identifizieren. Es kam daher nicht von ungefähr, dass ich mich neben dem stressigen Job als Minister in einer Umbruchphase auch ehrenamtlich betätigte, unter anderem als Präsident des „Sportclubs Magdeburg". Darüber hinaus habe ich den „Volksbund Deutsche Kriegsgräberfürsorge" gegründet und ihn in drei Jahren aufgebaut.

Zu keinem Zeitraum der deutschen Nachkriegsgeschichte haben Menschen so viel Neues erfahren und bewältigen müssen wie unsere Mitbürgerinnen und Mitbürger in den neuen Bundesländern. Selbst nach dem totalen Zusammenbruch des Deutschen Reiches im Jahr 1945 sind in den damaligen Besatzungszonen, zumindest auf örtlicher Ebene, die Verwaltungs-, Wirtschafts- und Sozialstrukturen im Großen und Ganzen erhalten geblieben. Mit der Wiedervereinigung hat sich für die Menschen in der ehemaligen DDR nahezu alles verändert, nicht nur die Staatsform, nicht nur das Wirtschaftssystem, sondern auch die soziale Ordnung. Ehemals Vertrautes wurde völlig anders, gewohnte Einrichtungen verschwanden, neue wurden aufgebaut, waren aber lange noch nicht genügend bekannt. Das wesentlich von den Prinzipien der Selbstverantwortung und Subsidiarität geprägte Sozialsystem führte zu Verunsicherung.

Es war eine große Herausforderung für die Politik auf Bundes-, Landes- und kommunaler Ebene, den Übergang vom dirigistischen, allumfassenden Versorgungsstaat zum freiheitlich-demokratischen Rechtsstaat herzustellen, für den die Unantastbarkeit der Würde des Menschen, seine Selbstbestimmung und Freiheit tragende Prinzipien sind. Subsidiarität und Solidarität, Grundlage der christlichen Soziallehrer, lassen sich trefflich formulieren. Die Umsetzung in den neuen Bundesländern erforderte aber viel Überzeugungskraft, Idealismus und Fingerspitzengefühl.

Wer erinnert sich denn noch daran: Nahezu die gesamte Infrastruktur musste erneuert werden. Telefonnetz, Straßennetz, Produktionsbetriebe mussten saniert und erneuert werden. Es ging darum, Rahmenbedingungen zu schaffen, die Entwicklungen erst möglich machten.

Verwaltungen mussten neu aufgebaut, Fachkräfte angeworben, einheimische Fachkräfte mussten in die neuen Systeme eingearbeitet werden. Gleichzeitig musste an allen Ecken repariert werden, mussten staatliche Maßnahmen greifen, mussten Brücken gebaut werden für den Übergang und um Zusammenbrüche zu vermeiden. Mit der Einführung der D-Mark ging ein Arbeitsplatzabbau einher, wie man ihn in so kurzer Zeit noch nicht erlebt hatte. Hunderttausende verloren ihre Arbeit. Die Umstrukturierung in wettbewerbsfähige Wirtschaftsbetriebe, die Stilllegung nicht mehr sanierungsfähiger Strukturen war zwingend notwendig. Der Umbau und Neuaufbau praktisch aller Verwaltungen platzierte Tausende von Menschen in die Warteschleife, war doch quasi alles staatlich, vom Kindergarten über Krankenhäuser, Altenheime, Kultureinrichtungen und Betriebe. Dieser Abbau vollzog sich auch vor dem Hintergrund der Tatsache, dass das Erwerbspotenzial der DDR zu über 90 Prozent ausgeschöpft war. Es gab keine, zumindest nicht im westlichen Sinne, Arbeitslosigkeit.

Allerdings war die Produktivität im Vergleich zur alten Bundesrepublik sehr gering. In dieser Phase war es wichtig, dass die Bundesanstalt für Arbeit bereits 1990 mit dem Aufbau der Arbeitsverwaltung begonnen hatte und diese Ende 1990 schon funktionsfähig war. Zusammen mit den Arbeitsministerien der neuen Länder konnten so im großen Stile Arbeitsbeschaffungsmaßnahmen organisiert werden. So konnte ein großer Teil der wegfallenden Arbeitsplätze, zumindest vorübergehend, aufgefangen werden. Allein in Sachsen-Anhalt befanden sich zeitweise bis zu 100.000 Menschen in Arbeitsbeschaffungsmaßnahmen. Das Land hat dafür in drei Jahren rund eine Milliarde D-Mark aufgewendet. Über Sinn oder Unsinn dieser Maßnahme ist viel diskutiert worden. Nach wie vor bin ich jedoch der Meinung, dass es zu diesem Zeitpunkt keine echte Alternative gab, zumal mit viel Fantasie Maßnahmen geboren wurden, die der strukturellen Verbesserung dienten, also Wertschöpfung beinhalteten. Außerdem ist darauf hinzuweisen, dass auch der soziale Frieden ein Ansiedlungsfaktor ist.

Was wäre geschehen, wenn Hunderttausende ohne jede Perspektive geblieben wären? Natürlich lässt sich in Hochschulseminaren trefflich streiten, ob die Entscheidung zur Einführung der D-Mark zu diesem Zeitpunkt richtig war. Denn darunter litt die Wettbewerbsfähigkeit der alten DDR-Wirtschaft. Fest steht jedoch, wäre die D-Mark nicht gekommen, wären noch mehr Menschen zur D-Mark in die alten Bundesländer gegangen. Das Gleiche gilt für den Umtausch der alten Ostmark in die neue Währung der D-Mark der Bundesrepublik Deutschland. Die mangelhafte Infrastruktur habe ich angesprochen. Der investive Nachholbedarf war gigantisch. Marode Straßen, fehlende Autobahnen, kaum Umgehungsstraßen, eine abgenutzte soziale Infrastruktur wie zum Beispiel Krankenhäuser, Altenheime, Kindergärten. Hinzu kamen große Umweltprobleme mit großen Belastungen für die Bevölkerung. Als Beispiel wurde oft die Industriestadt Bitterfeld genannt. Das bedeutete Investitionen in Umweltsanierungsmaßnahmen. Die wenigen Beispiele sollten genügen, um den Umfang der Auf- und Umbaumaßnahmen zu dokumentieren. Das alles stand unter der Maßgabe, dass die Angleichung der Lebensverhältnisse schnell erreicht werden sollte. Die Jahre des Umbruchs waren jedoch gekennzeichnet durch die Einsicht in das Notwendige. Die Menschen waren bereit, Opfer zu bringen für eine bessere Zukunft.

Eines möchte ich klar ansprechen. In der DDR gab es hervorragende Fachleute. Sie haben einen Anteil an der schnellen Entwicklung in den neuen Bundesländern. So war zum Beispiel die medizinische Fachkompetenz sehr hoch. Andere Strukturen, zum Beispiel im Gesundheitsbereich, hätte Gesamtdeutschland übernehmen können. Die Lebensleistung der DDR-Bürger ist nicht hoch genug einzuschätzen. Unter erschwerten Bedingungen wie Planwirtschaft und Überwachungsstaat haben viele Außerordentliches geleistet. Es gab und gibt keinen Grund für die Westdeutschen, diese Lebensleistung der Menschen nicht anzuerkennen. Dabei muss immer mitbedacht werden: Die DDR musste nach dem Krieg hohe Reparationen an die Sowjetunion zahlen. Dagegen stieß im Westen der Marshallplan eine wirtschaftliche Entwicklung an, die in das sogenannte Wirtschaftswunder einmündete.

Eine Entwicklung, die zusätzlich unterstützt wurde durch Demokratie, Freiheit und soziale Marktwirtschaft.

Nicht alles ist gelungen. Der Treuhandanstalt ist sicher guter Wille nicht abzusprechen. Es wurden jedoch zu viele Betriebe abgewickelt, oft auch, um Konkurrenz vom Markt zu nehmen. Viele Arbeitsplätze und produzierende Gewerbe sind dadurch weggefallen, der Produktionsstandort „Neue Länder“ empfindlich geschwächt. Mittlerweile ist es in vielen Bereichen zu einer Anpassung der Lebensverhältnisse gekommen. Einige Regionen in den neuen Bundesländern gehören heute sogar zu den Boom-Regionen. Dennoch bleibt viel zu tun: Bei der Stärkung des Zusammenhalts, bei der Gestaltung des demografischen Wandels, bei der weiteren Stärkung der Wirtschaftskraft. Themen, die allerdings das ganze Deutschland, Ost wie West, betreffen. Hinzu kommt auch die Bewältigung der Flüchtlingsproblematik. Mein Fazit nach der Wiedervereinigung: Mit dem Datum 3. Oktober 1990 ist für mich die deutsche Nachkriegsgeschichte erst zum Abschluss gekommen.

Hoffnung und Enttäuschung

Den zweiten Weltkrieg hatte Deutschland als Ganzes zu verantworten. Natürlich haben die Menschen in Ost und West die Zeche bezahlen müssen. Aber die Zeche Ost war ungleich höher als die

Zeche West. Denken wir daran, wenn gelegentlich wieder über Anpassungen der Lebensverhältnisse gestritten wird. Die Tür stand einen Spalt weit offen. Wie gesagt, es war für Deutschland ein glücklicher Moment, als sie ganz aufgestoßen wurde. Heute unter Putin, so meine ich, bliebe sie geschlossen.

Die Zeit nach der Wiedervereinigung, die Öffnung des „Eisernen Vorhangs“ war auch gekennzeichnet von Hoffnung und Optimismus. Die Sowjetunion zerfiel, in Russland gab es zahlreiche Ansätze zu einer Demokratisierung. Die osteuropäischen Länder orientierten sich nach und nach in Richtung Westen und der Europäischen Union und traten letztendlich in sie ein. Verschiedene Vorschläge liefen darauf hinaus, ein demokratisches Russland einzubinden in den westlichen Wirtschaftsraum. Eine Freihandelszone zwischen Wladiwostok und Lissabon war eine der Visionen, die geeignet waren, Frieden und Wohlstand in ganz Europa langfristig zu sichern. Die Ukraine, die sich ebenfalls von der Sowjetunion löste, setzte sich gleichsam nach heftigen innenpolitischen Auseinandersetzungen in Richtung der EU in Bewegung. In der Bundesrepublik Deutschland wurde die Bundeswehr demontiert, und man wollte die Friedensdividende einfahren. Bei dieser Gelegenheit, ich höre es seit Jahren immer wieder, ist die EU, insbesondere die NATO, Russland sozusagen zu sehr „auf die Pelle gerückt“. Und deshalb sei die Intervention und der Einmarsch in die Ukraine unabwendbar gewesen.

Dazu folgende Fakten, verbunden mit der Frage, was Verträge überhaupt noch gelten:

Budapester Memorandum vom 05. Dezember 1994: Russische Föderation, Zusicherung an die Ukraine, Souveränität und Anerkennung der Grenze. Dieser Vertrag der völkerrechtlich bindend ist, wurde bei der UNO hinterlegt. Bedingung von der Ukraine erfüllt: Abgabe der in der Ukraine gelagerten Atomwaffen. Und:

27. Mai 1997: *NATO-Russland-Grundakte.* Sie beinhaltete die Rechte der osteuropäischen Länder, der NATO beizutreten – Russland verzichtet auf sein Vetorecht, es erkennt die Souveränität der Staaten an.

Sind wir schon vereint?

35 Jahre nach der deutschen Einheit müssen wir uns fragen: Sind wir mittlerweile *ein* Volk? Es würde zu weit führen, im Rahmen dieser Beträge in die Diskussion einzusteigen, ob sich der Graben zwischen Ost und West wieder aufgetan hat. Das bedarf vertiefter Betrachtung. Ganz sicher gab und gibt es bei vielen Menschen in den neuen Bundesländern ein aus meiner Sicht unnötiges Minderwertigkeitsgefühl. Westdeutschland, die alte Bundesrepublik, mit seiner international ausgerichteten Wirtschaft, die drittgrößte Wirtschaftsmacht der Erde, dominierte die Zeit nach der Wiedervereinigung. Und so mancher „Wessi" ließ das seinen Gesprächspartner spüren. Ich kann manchmal diese Gefühle nachvollziehen, hatten wir doch nach dem Beitritt des Saarlandes mit seiner eine Million Einwohnern mit ähnlichen Gefühlen zu kämpfen. Wir wurden als Saar-Franzosen betitelt. Das war nicht freundlich gemeint.

Ein Landtagsabgeordneter des neu gewählten sachsen-anhaltischen Landtages aus Sangerhausen sagte mir in einem Gespräch, dass es wohl zwei bis drei Generationen benötige, bis es zu einer inneren Vereinigung komme. Und so diskutieren wir auch heute nach 35 Jahren, nach dem 30. Oktober 1990, darüber, wie es mit dieser inneren Einheit bestellt ist. Obwohl die übergroße Mehrheit in Ost und West überzeugt ist, dass die Vereinigung das Beste war, was passieren konnte und diese positiv beurteilt wird – Diskussionsbedarf besteht natürlich, wenn sich der Osten nach Wahlen überwiegend blau färbt. Zur Wahrheit gehört aber auch, dass auch der Westen in hohem Maße blau gefärbt ist. Blau, das ist die Farbe der AfD. Was zeichnet eigentlich diese Partei aus, die oft aus Frust, aber auch aus nationaler oder sogar nationalistischer Gesinnung gewählt wird?

Das Programm dieser Partei ist wirtschaftspolitisch (unter anderem Austritt aus der EU), ist sicherheitspolitisch (Austritt aus der NATO) Nonsens. Hinzu kommt die offensichtliche Nähe zu Autokraten. Alle nationalen und nationalistischen Alleingänge Deutschlands, ob zu Zeiten der Monarchie mit dem Kaiser an der Spitze oder der faschistischen Nationalsozialisten mit einem sogenannten Führer Adolf Hitler an der Spitze, mündeten in ein Desaster. Deutschland wurde flächenmäßig kleiner und unbedeutender. Nach der erneuten Wahl von Donald Trump verzeichnen wir nun die faktische Abkehr der USA von den Idealen des Westens, insbesondere auch von der EU. Eine epochale Wende steht offenbar bevor, vergleichbar mit dem Fall der Mauer 1989.

Europa: Auftrag und Chance

Deshalb möchte ich zum Abschluss meines Beitrags noch einmal leidenschaftlich für eine Vertiefung der Zusammenarbeit in der EU plädieren. Neben einer Wirtschaftsunion benötigen wir die Schaffung einer Sicherheits- und Verteidigungsunion. Die Außenpolitik der EU muss neu ausgerichtet werden, und zwar auf Grund von Mehrheitsentscheidungen. Die EU muss mit einer Stimme sprechen. Kein Land in Europa ist so groß und so mächtig, dass es geopolitisch Akzente setzen könnte. Das gilt auch für das europäische Schwergewicht Deutschland.

Wie es aussieht, stehen wir vor einer Renaissance der Großmachtpolitik. Die Friedensverhandlungen ab April dieses Jahres bezüglich des Angriffskrieges von Russland in der Ukraine führen die USA und Russland. Europa und die Europäer werden gar nicht gefragt.

Den Zoll- und Handelskrieg, den Trumps Administration wenige Monate nach dessen Inauguration zum Präsidenten der USA begann, kann nur eine EU kontern. Diese Kraft hat die EU, wie sich zur Zeit zeigt, nicht. Wenn wir aber nicht wollen, dass andere bestimmen, wie wir morgen leben wollen, dann gilt für uns nur eine Zukunft: Europa und die Europäische Union mit 450 Millionen Einwohnern – mit einer Fläche von 2,4 Millionen Quadratkilometern von Stockholm bis Lissabon schon heute wirtschaftlich eine Großmacht.

Das ist unsere Zukunft, darauf setze ich. Alles hängt mit allem zusammen. Es war mir ein Anliegen, auf eine Reihe von Ereignissen hinzuweisen, zu beleuchten, die nach dem Fall der Mauer und er Öffnung des „Eisernen Vorhangs" zur Neuordnung Osteuropas führten – das alles ohne Anspruch auf Vollständigkeit. Es ist auch unsere Geschichte. Nach dem Einheitsjubel hat die Zeit auch uns und unsere Gesellschaft geprägt. Es zeigt aber auch, dass nach wie vor alles im Fluss ist. Und so müssen auch wir uns entscheiden, wie wir es halten mit der Demokratie, mit offenen Gesellschaften, mit Menschenrechten und Gerechtigkeit. Schlichtweg, wie wir uns die Zukunft unseres Volkes vorstellen.

Bekenntnis

Am Schluss noch ein Kompliment an das „Trägerwerk Soziale Dienste", insbesondere auch an Rudolf Dadder und seine Mitstreiter, die 1991 die Aufforderung zum Aufbau Ost wörtlich genommen und mit dem Trägerwerk einen großartigen Sozialverband gegründet haben, der über die Grenzen der ostdeutschen Länder hinaus einen Beitrag zum Ausbau der sozialen Infrastruktur leistet. In diesem unseren Trägerwerk arbeiten Menschen aus den neuen und den alten Bundesländern zusammen. Ich kann keinen Unterschied erkennen, im Gegenteil. Ich fühle mich vielen Mitarbeitern und Mitarbeiterinnen freundschaftlich verbunden. Wir fühlen uns auch einer gemeinsamen Aufgabe verbunden, die uns zusammenschweißt. Dieses Kompliment verbinde ich mit einer Liebeserklärung an das Land Sachsen-Anhalt. In den vielen Jahren, sowohl während meines politischen Engagements wie auch viele Jahre danach, habe ich Land und Leute lieben gelernt, und so ist dieses Bundesland mit seinen Menschen und den vielen schönen Landschaften, mit den Städten und Regionen mir eine zweite Heimat geworden.

STIEG LARSSON
HEYNE
STIEG LARSSON
BROCKHAUS
VIKRAM SETH ZWEI LEBEN
Wie ein Vulkan
KLEINE LEUTE
Peter Scholl-Latour
Weltmacht im Treibsand
VERBOTEN

Eine unglaubliche Nachricht. Persönliche Erinnerungen: Maueröffnung 1989

Norbert Bischoff

Als mich am Abend des 9. November 1989, einem Donnerstag, mein Freund Thomas aus Stendal anrief: „Hast du schon gehört, eben wurde in den Nachrichten verkündet, dass es eine neue Reise-Regelung gibt. Alle können ab sofort nach Westdeutschland und nach West-Berlin reisen. Diese Nachricht geht jetzt durch alle Kanäle und alle Nachrichten. Wie denkst du eigentlich darüber?“, dachte ich erst: ‚Wieder eine dieser bescheuerten Mitteilungen, wo nichts stimmt und nur Stimmung gemacht wird.‘

Etwas nachdenklicher wurde ich, als ich an diesem Abend nach Hause kam und meine Frau mich empfing mit dem Hinweis, dass im DDR-Fernsehen eine Pressemitteilung von einem Schabowski aus dem SED-Politbüro verlesen wurde, dass ab „sofort, unverzüglich“ alle DDR-Bürger in den Westen reisen könnten.

Ich konnte das nicht glauben und erzählte ihr von dem eben geführten Telefongespräch mit meinem Freund aus Stendal.

Montagsgebet und Demo

Ich hatte zu dieser Zeit eine Anstellung als Diakon in der katholischen St.-Sebastian-Gemeinde in Magdeburg. Unsere Wohnung im alten Pfarrhaus lag in unmittelbarer Nähe zum Dom. Seit September 1989 war ich Mitglied in der Beratergruppe Dom, die an den Montagen das „Gebet um gesellschaftliche Erneuerung" vorbereitet und durchgeführt hatte. Die beiden Dompfarrer Waltraud Zachhuber und Giselher Quast leiteten diese Gebete abwechselnd.

Im Dezember 1989 öffnete dann auch die beheizte katholische St.-Sebastian-Kirche ihre Pforten. Dort übernahm ich die Leitung des Gebets, das zeitgleich zum Domgebet stattfand. Die Informationen über die aktuellen Ereignisse wurden zuvor mit der Beratergruppe abgestimmt. Als dann später nach dem Gebet regelmäßig Demonstrationen auf der Straße stattfanden, war das eine große Herausforderung: Würde es friedlich bleiben? Wie reagieren die staatlichen Stellen, die mit mehreren Hundertschaften von Polizei und Kampfgruppen, betrieblich organisierten Militäreinheiten, in der Umgebung des Doms und bei den Demonstrationen anwesend waren? Wie reagieren die Teilnehmer bei Provokationen?

Waren im September 1989 zirka 300 Menschen in den Dom gekommen, damals noch mit der Bitte, hierzubleiben und die DDR zu verändern, waren es Ende November über 8.000 mit klaren Forderungen nach einer Wiedervereinigung (vom „Wir sind *das* Volk" zum „Wir sind *ein* Volk").

Es waren ereignisreiche Monate, mit großen Ängsten und Unsicherheiten, mit unbändiger Neugier und Hoffnung. Nahezu jeden Tag gab es neue Entwicklungen, die wir mit Spannung verfolgten.

Ausreisen oder hierbleiben

Besonders hat mich und viele andere beunruhigt, dass seit dem Frühjahr 1989 so viele Menschen die DDR verlassen haben, über die Botschaften in Prag und in Warschau und später die Ausreise über Ungarn.

Viele verließen überstürzt die DDR und versuchten im Westen

Fuß zu fassen. Wie lange dieser Zustand tatsächlich noch anhalten und wie sich Michail Gorbatschow verhalten würde, konnte man damals nicht erahnen. Als im August 1989 Erich Honecker verlauten ließ: „Wir weinen denen keine Träne nach, die die DDR verlassen", schrieb ich einen Brief an den Staatsratsvorsitzenden, um mein Unverständnis und meine Wut zum Ausdruck zu bringen.

Hoffnung machte dagegen Gorbatschow bei seinem öffentlichen Auftritt zum 40. Jahrestag der DDR am 7. Oktober: „Wer zu spät kommt, den bestraft das Leben" war Mahnung an die DDR-Regierenden, Reformen und Erneuerungen zuzulassen.

Daraufhin kamen zwar Angebote zu „Dialogveranstaltungen", die sich alsbald aber als Hinhaltetaktik erwiesen. Ein wirkliches Gespräch um Erneuerung kam in diesen Tagen nicht zustande.

Am Ende der Montagsgebete wurde meist ein Lied gesungen, das mit den Versen endete: „… dann bleiben wir hier, weil sich das Land gewandelt hat …"

Diese Hoffnung ließ sich nicht mehr erfüllen, das war spätestens nach dem 9. November 1989 klar.

Tag der Maueröffnung

Spät abends am 9. November 1989, als wirklich immer mehr Grenzübergänge geöffnet wurden, verabredete ich mich mit meinem Freund aus Stendal, dass wir am nächsten Morgen nach West-Berlin aufbrechen. Das wollten wir selbst sehen und erleben. Denn es war einfach unvorstellbar. Er hatte dort enge Freunde, bei denen wir unterkommen konnten.

Vorher mussten wir sicherheitshalber meinen Wartburg volltanken, hatten aber nicht damit gerechnet, dass viele Menschen genauso dachten wie wir. An der Tankstelle in Stendal war eine kilometerlange Schlange. Nach mehreren Stunden konnten wir endlich nach

West-Berlin aufbrechen und nahmen nicht die Autobahn, sondern die Landstraße über Rathenow und Nauen nach Berlin.

Wir waren aufgeregt und glaubten nicht wirklich, nach Berlin zu kommen. Und die Hoffnung schwand immer mehr, als rechts und links der Straße noch weit vor Berlin Autos parkten und die Menschen zu Fuß weitergingen. Wir wollten eigentlich aufgeben und wieder zurückfahren. Außerdem hatten wir beide keine Reisegenehmigung und keine Reisepässe dabei.

Nun waren wir aber schon so weit gekommen, und da wollten wir nicht aufgeben. Wir sind also mutig und entschlossen immer weitergefahren, bis wir auf einmal in einen Stau gerieten, in dem es nur langsam, aber stetig voranging. Und als uns plötzlich ein Grenzsoldat zum Weiterfahren drängte, wussten wir – hier war die Grenzübergangsstelle. Am späten Vormittag waren wir in West-Berlin. Wir konnten es nicht fassen und sind einfach hinter den vor uns fahrenden Autos gefahren, bis es nicht mehr weiterging.

Gelandet sind wir ganz in der Nähe des Kurfürstendamms in Berlin. Schnell fanden wir die Wohnung des Freundes und staunten nicht schlecht, als wir dort viele Menschen vorfanden, die sich aus denselben Gründen dort trafen. Alle freuten sich über den Besuch aus der „Zone". Und dann ging es los auf die Straße, Menschen über Menschen, ungeahnte Freude und ausgelassenes Feiern, Fremde lagen sich in den Armen, Geschäfte und Gaststätten waren offen. Der Kurfürstendamm glich einer Festmeile, und die Nachrichten von weiteren Grenzöffnungen an der Mauer kursierten laufend. Das wollten wir auch live miterleben und sind bis zum Brandenburger Tor gelaufen. Wo die Stimmung am lautesten war, wurde gerade wieder ein neuer Übergang aufgemacht. Es war unbeschreiblich, unter welchem Jubel und Beifall die ersten „Grenzgänger" empfangen wurden. Das ging bis tief in die Nacht hinein, wir lagen uns einfach in den Armen, unendlich dankbar, das alles mitzuerleben, was bisher undenkbar und unvorstellbar war.

Die Telefonverbindung zwischen Berlin und der Außenwelt war an diesem Tag zusammengebrochen. Es gab überhaupt keine Chance, mitteilen zu können, wo wir sind und wann wir eventuell wieder zurückkommen. So sind wir über Nacht geblieben, haben ein wenig geschlafen und es schließlich am 11. November geschafft, wieder zurück in unsere Heimatorte zu kommen. Der Adrenalinspiegel blieb noch einige Tage hoch, bevor uns die Wirklichkeit wieder eingeholt hat.

Diese Tage bleiben fest in meiner Erinnerung. Niemals hatte ich geglaubt, dass ich mit 39 Jahren die Öffnung der Grenzen miterleben konnte. Eine realistische Perspektive, in den Westen zu reisen, gab es damals nur für Rentner mit 65 Jahren. Das wären damals noch 26 Jahre gewesen.

Geschichte im Zeitraffer

Und dann ging es Schlag auf Schlag: Der Bundeskanzler Helmut Kohl unterbrach seine Polenreise, Willy Brandt besuchte einige Städte im Osten, das SED-Politbüro trat zurück, auf Erich Honecker folgten Egon Krenz und Hans Modrow. Der Zentrale Runde Tisch kam erstmals zusammen. Und die Silvesterfeier am Ende des Jahres 1989 am Brandenburger Tor wurde zu einer riesigen Party für Demokratie und Freiheit.

Offen blieb in den ersten Januartagen des neuen Jahres die Frage, wie eine Zusammenarbeit zwischen beiden deutschen Staaten geregelt werden könnte.

Es war bei den folgenden Montagsdemonstrationen deutlich zu spüren, wie der Ruf nach einer schnellen Wiedervereinigung stärker wurde – aus „Wir sind das Volk“ wurde immer mehr „Wir sind ein Volk“ und „Deutschland einig Vaterland!“

Auf welchem Weg sollte das geschehen, wie könnten die Bürgerbewegungen, die im Herbst 1989 entstanden sind, miteingebunden werden? Wir waren noch immer der Überzeugung, es müsste einen Dritten Weg geben oder eine Konföderation. Und selbst Helmut Kohl zeigte mit seinem Zehn-Punkte-Plan vom 28. November 1989 einen Weg auf, wie die beiden deutschen Staaten zusammenarbeiten sollten, und dass die Wiedervereinigung ein längerer Weg ist.

Die weitere Entwicklung hat dann gezeigt, dass alle Beteiligten, die Alliierten und Siegermächte des Zweiten Weltkrieges und die Nachbarstaaten, nach anfänglichen Bedenken keine Vorbehalte gegenüber einer Wiedervereinigung hatten. Die Staatssicherheit wurde aufgelöst, das größte Hindernis auf dem Weg zu Freiheit und Demokratie, der am meisten gehasste und gefürchtete Unterdrückungsapparat der DDR.

Der Runde Tisch – die neue Machtzentrale

Der Zentrale Runde Tisch bildete die Plattform für die weiteren Veränderungen. Er war das eigentliche Machtzentrum in dieser Zeit, zusammengesetzt aus Vertretern der alten Parteien und der neuen Bewegungen. Politisch nie legitimiert, aber anerkannt von der Bevölkerung und von der Regierung – eine unvorstellbare Konstellation.

Selbst die Regierung unter Modrow brauchte den Runden Tisch, um Stabilität in die Entwicklung zu bringen und die Akzeptanz bei den wichtigen Gesprächen mit der Bundesregierung, mit den Siegermächten und der Sowjetunion zu bekommen. Modrow bat dazu den Runden Tisch, Vertreter in die Regierung als Minister ohne Geschäftsbereich zu entsenden. Nach heftiger Diskussion wurde dem zugestimmt, und acht Mitglieder des Runden Tisches wurden ausgewählt. Der erste Schritt der neu zusammengesetzten Regierung war die Entscheidung, die Volkskammerwahl auf dem 18. März 1990 vorzuverlegen.

Im Vorfeld eines kurzen Wahlkampfes gab es viel Gerangel darum, wer mit wem zusammengehen kann und wer von wem unterstützt wird. Am Ende gewann mit großem Abstand das „Bündnis Allianz für Deutschland" von CDU, Demokratischem Aufbruch (DA) und Deutscher Sozialer Union (DSU). Die anderen Parteien spielten keine oder eine untergeordnete Rolle. Dies ist vielleicht auch eine der Enttäuschungen nach der Wende, dass die Bewegung im Herbst 1989, die viele neue Initiativen hervorbrachte, in der Folge wieder verschwand.

Jubel und Staunen – Wiedersehen und Aufgaben

Die schnelle Einheit war der Wunsch vieler Menschen, so leben zu können wie im Westen, in Freiheit und Wohlstand.

Natürlich sind auch wir als Familie gereist, haben Freunde in Norwegen, in Freiburg und Koblenz besucht. Als ich vom Zug aus am Rhein die Lorelei sah, deren Geschichte mit dem liebestrunkenen Schiffer ich nur aus Liedern kannte, kamen mir die Tränen. Das gab es, tatsächlich und in Wirklichkeit.

Wir sahen die Referenten aus der kirchlichen Jugendarbeit wieder, mit deren Jugendgruppen wir uns vor der Wende regelmäßig in Ost-Berlin trafen oder die mit uns in den Masuren (Polen) oder am Balaton (Ungarn) gemeinsam Ferien verbrachten, natürlich nicht ganz legal. Es gab eine Menge nachzuholen, um Kontakte zu vertiefen und neu zu beleben.

Einzigartig waren die Fahrradtouren an der Lahn entlang oder an der Mosel von Koblenz Richtung Eifel. Im Rückblick auf diese Zeit war es die intensivste in meinem ganzen Leben.

Ich bin im Januar 1990 in die SPD eingetreten, weil mich Willy Brandt schon früher begeistert hat. Ich hatte ihn als Theologiestudent beim Besuch in der DDR 1970 in Erfurt erlebt, und mich berührte die Geste des Bundeskanzlers am Ehrenmal für die Helden des Warschauer Ghettos und die Bitte um Vergebung für die deutschen Verbrechen des Zweiten Weltkrieges. Auch der „Wandel durch Annäherung" machte die Grenze etwas durchlässiger und leistete einen entscheidenden Beitrag zur Beendigung des „Kalten Krieges".

Zeitungsmacher und neue Chancen

Gemeinsam mit Propst Dr. Gerhard Nachtwei gab ich ab Februar 1990 eine Wochenzeitung, die „Halle-Magdeburger Zeitung für Sachsen-Anhalt", heraus, die die alten sozialistischen Zeitungen „Volksstimme" und „Freiheit" ablösen sollte. Wir waren ein kleines Redaktionsteam aus kirchlichen Mitarbeitern. Unterstützt wurden wir von der Redaktion des „Bonifatius-Blattes" in Paderborn, wo unsere Zeitung auch gedruckt wurde. Die Zeitung haben wir selbst gespiegelt und waren beim ersten Druck in der Bonifatius-Druckerei dabei. Die Kräfte reichten allerdings nur bis zur 6. Ausgabe im Mai 1990.

Das gesamte Jahr 1990 war geprägt durch die vielen Veränderungen, die sich gesellschaftlich vollzogen haben und die jeden persönlich betrafen. Die neuen Strukturen, in einer demokratischen und offenen Gesellschaft zu leben, mussten erst aufgebaut werden, die Verwaltung neu strukturiert und auch die Länder neu gegründet werden.

Die Herausforderung betraf auch jeden Einzelnen. Jeder musste sich z. B. für eine der vielen Krankenversicherungen entscheiden, ohne die Unterschiede zu kennen, und sich die Frage stellen: Welche Sparkasse oder Bank ist die richtige, welches Auto brauche ich, kann ich es mir leisten und vor allen Dingen, wo werde ich beruflich unterkommen …?

Nachdem immer deutlicher wurde, dass die DDR-Wirtschaft nicht wettbewerbsfähig und total veraltet war, mussten sich viele neu orientieren. Insbesondere die Jüngeren suchten im Westen Arbeit oder eine Ausbildung. Meine beiden Söhne zogen gleich nach der Schulzeit westwärts, der eine nach Meppen zur Ausbildung als Hotelfachmann, der andere nach Braunschweig für eine Ausbildung zum Informatiker. Beide sind aber nach der Ausbildung wieder in den Osten zurückgekehrt. Zwischen den Kirchgemeinden wurden die Kontakte intensiviert, der Katholikenrat vom Bistum Magdeburg und der Diözesanrat von Paderborn trafen sich regelmäßig zum gemeinsamen Austausch.

Die Gründung von kirchlichen Schulen stand in dieser Zeit im Vordergrund. In der Folge wurde das Norbertus-Gymnasium in Magdeburg und das Elisabeth-Gymnasium in Halle gegründet. Die Pfadfinderschaft St. Georg baute sich ein eigenes Bildungszentrum im Forsthaus Eggerode im Harz aus. Beide katholischen Krankenhäuser, das Marienstift in Magdeburg und das Elisabeth- und Barbara-Krankenhaus in Halle, wurden saniert.

In der Folgezeit erhielt ich viele Einladungen zu Gesprächen und Diskussion über die DDR-Vergangenheit und über den Verlauf im Herbst 1989.

Ich war zeitweise im Vorstand des Familienbundes der Katholiken als Vertreter der Diözese Magdeburg, Vorsitzender des Katholikenrates in Magdeburg, Mitglied in verschiedenen Untersuchungsausschüssen, Moderator am Runden Tisch der Stadt Magdeburg. Es gab Treffen auf allen Ebenen und vor allem viel Unterstützung, um neue Strukturen aufzubauen. Von der Konrad-Adenauer-Stiftung etwa bekamen wir einige Kopiergeräte, um die Kommunikation zu erleichtern. Das war eine große Hilfe in dieser Zeit.

Ministeriale Tätigkeit

Eine Zäsur in meinem Leben brachte eine Anstellung im neuen Sozialministerium in Sachsen-Anhalt. Der erste Sozialminister in Sachsen-Anhalt war Werner Schreiber aus dem Saarland. Er war Katholik und besuchte oft den sonntäglichen Gottesdienst in der St.-Sebastian-Kathedrale, bei der ich angestellt war. Bei einem Gespräch nach einem Gottesdienst erfuhr ich von ihm über den Aufbau des Sozialministeriums und insbesondere über die Arbeit in der Abteilung Jugend und Familie. Das interessierte mich sehr, da mein Schwerpunkt als Referent im Seelsorgeamt der Bereich Familie war – und ich fragte, ob ich mich dort einbringen könne.

Kurze Zeit später bekam ich eine Zusage für das Referat Familie in der Abteilung Jugend, Familie und Sport. So begann ich meine Tätigkeit als Referatsleiter im Sozialministerium im April 1991. Sehr hilfreich waren die Kontakte ins Sozialministerium in Hannover, wo ich mir Unterstützung und Anregung holen konnte. Insbesondere bei der Bildung einer Stiftung „Familie in Not" brauchte ich Rat, weil wir selbst keine Ahnung hatten, wie man eine Stiftung gründet. Die Unterstützung aus den westlichen Bundesländern war notwendig, und ich habe in dieser Zeit viele engagierte und interessierte Mitarbeiterinnen und Mitarbeiter auf allen Ebenen gefunden, die sich für das Land Sachsen-Anhalt einsetzten und hervorragende Arbeit geleistet haben. Natürlich gab es auch jene, die nur kurzfristig eine Anstellung suchten und von denen man den Eindruck hatte, dass die finanziellen Anreize an erster Stelle standen.

Mich beeindruckte vor allen Dingen an Minister Werner Schreiber, mit welchem Engagement er das Ministerium leitete und wie er um den Erhalt von vernünftigen Strukturen gerungen und gekämpft hat, z. B. um die Kindertagesstätten mit der Möglichkeit einer ganztägigen Betreuung, das katholische Jugendhaus „St. Michael“ in Roßbach bei Naumburg und die Familien-Erholungs- und Begegnungsstätte in Kirchmöser, das zwar in Brandenburg liegt, aber zum Bistum Magdeburg gehört und die evangelische Familienferienstätte „Huberhaus“ in Wernigerode. Es wäre jetzt zu viel, alles zu erwähnen, was in dieser Zeit in die Wege geleitet oder neu geschaffen wurde.

Nachtrag mit Dank

Als ich 2009 einer der Nachfolger von Werner Schreiber wurde, blieb der Kontakt aus der damaligen Zeit erhalten. Über gelegentliche Treffen mit ihm, u. a. bei Veranstaltungen, freue mich sehr. Die Nachwendezeit hat mich geprägt wie keine andere. Als Landtagsabgeordneter und als Minister konnte ich davon profitieren und danke an dieser Stelle meinen alten Weggefährten.

Rückblickend sind zwei Menschen besonders zu erwähnen, die einen unvergleichlichen Beitrag geleistet haben, dass die Ereignisse im Herbst 1989 so friedlich und hoffnungsvoll verlaufen sind. Die beiden Dompfarrer Waltraud Zachhuber und Giselher Quast haben gemeinsam mit dem Gemeindekirchenrat und der Beratergruppe die Kirchentüren weit offengehalten für alle Menschen. Sie haben mutig und unverdrossen die notwendigen Gespräche mit den staatlichen Stellen geführt, damit das „Gebet um gesellschaftliche Erneuerung“ mit den offenen Mikrofonen ohne Bevormundung stattfinden und jeder/jede frei seine/ihre Meinung äußern konnte.

Mit ihren Predigten haben sie tausende Menschen erreicht, die nachdenklich und ermutigt den Dom verlassen konnten und sie haben die passenden und eindringlichen Worte gefunden, damit die anschließenden großen Demonstrationen friedlich blieben. Sie haben bei allen Unsicherheiten, Ängsten und Befürchtungen die unbändige Hoffnung aufrechterhalten, dass es am Ende gut verlaufen wird, auch wenn sich nicht alle Erwartungen erfüllten. Ihnen verdanke ich insbesondere, dass ich mich als katholischer Theologe mit einbringen konnte.

Das Trägerwerk – Erfolgsgeschichte und Beitrag zur sozialen Infrastruktur

Rudolf Dadder

Der Mauerfall – Überraschung und Freude

Den Tag werde ich nie vergessen.

Am Abend des 9. November 1989 erhielt ich einen Anruf von meiner Frau, die sich gerade an der innerdeutschen Grenze aufhielt und die sagte: „Schalte mal den Fernseher an, die Grenze ist offen." Ich tat es und war überwältigt. Viele Jahre hatte ich mich als Dozent mit der deutschen Teilung befasst und in Seminaren mit den Teilnehmern über die Erhaltung der deutschen Nation diskutiert und nun das! Ich hatte es nicht zu hoffen gewagt. Mich überkamen die Tränen.

Ein Jahr zuvor hatte ich noch einen Gruppenbesuch mit dem „Ensheimer Kreis" in Eisenach und Meiningen organisiert und mich darüber gefreut, dass dieser Besuch überhaupt möglich war. Die Wartburg bei Eisenach ist ein Wahrzeichen Deutschlands und gehört allen Deutschen – und in Meiningen überkamen mich viele Erinnerungen aus meiner Kindheit. Meine Mutter, meine Schwester und ich waren dort 1944/1945 evakuiert und haben nur um ein Haar den amerikanischen Bombenangriff am 23. Februar 1945 auf die Stadt überlebt.

In der Straße, in der wir damals wohnten, gab es über 170 Tote, darunter auch eine meiner Cousinen und das 14-jährige Mädchen, das uns morgens immer zum Kindergarten brachte. Ich war zu dieser Zeit erst drei Jahre alt. Das Erlebnis aber hat sich tief bei mir eingeprägt.

Aus Anlass des 80-jährigen Gedenkens an diesen schlimmen Tag hat mich der Bürgermeister der Stadt Meiningen eingeladen, als Zeitzeuge zu den Versammelten zu sprechen.

Die ersten Überlegungen

Nun aber war der Weg wieder offen. Eine Erzieherin, die ich auf einer früheren DDR-Reise kennengelernt hatte, rief mich an und kündigte an, mit ihrem Mann in den Westen zu kommen, um dort eine Stelle anzunehmen. Ich riet ihr, nicht übereilt zu handeln und erst einmal einen Besuch von mir abzuwarten. Zu dieser Zeit war ich als Rechtsanwalt tätig und u. a. auf das strukturelle Sozialrecht spezialisiert. Ich besuchte meine Bekannte, brachte ihr als Geschenk eine wertvolle Schreibmaschine von der Deutschen Bank mit und gründete in ihrer Küche mit ihr und einer ihrer Kolleginnen plus Anhang einen Verein, der sich der Wohlfahrtspflege widmen sollte. Nach der Wiedervereinigung beantragten wir Arbeitsbeschaffungsmaßnahmen und der Verein begann eine erfolgreiche Tätigkeit. Es gehörte auch viel Mut dazu: Um Förderungen zu bekommen, mussten wir die Schaffung vieler Arbeitsplätze versprechen. Da wir sehr professionell vorgingen, ist uns dies auch in großem Umfang gelungen.

Vor meiner Abreise zu der Bekannten war ich von einem Freund gebeten worden, mich im Rathaus in Dresden zu melden, da dort mehrere Parteien und Bürgerinitiativen Stände und Büros hätten und für gute Ratschläge dankbar wären. Dem bin ich gefolgt. Ein älterer Herr lief dort aufgeregt durch einen Gang und sagte: „Was mache ich nur? Mir ist ein Referent ausgefallen.“ Ich sprach ihn an und erklärte mich bereit, für den Ausgefallenen einzuspringen. So kam ich zum ersten Mal in meinem Leben nach Bischofswerda in der Lausitz. Es war der Beginn einer erfolgreichen Zusammenarbeit.

Als ich wenig später im Büro eines Freundes, des Vizepräsidenten der Arbeitskammer des Saarlandes, einen Besuch machte, rief dort der damalige Vizepräsident der Zentralen Arbeitsverwaltung in (Ost)-Berlin an und sagte: „Wenn jetzt nicht Sachkundige wie ihr sich im Osten engagieren, werden vier Millionen bisherige DDR-Bürger in den Westen gehen und dort um Arbeit nachsuchen."

Wir entschlossen uns zum verstärkten Einsatz in den neuen Bundesländern, und ich führte eine Reihe von Gesprächen mit ostdeutschen Bürgermeistern und Landräten. Als Rechtsanwalt war ich für sie ein akzeptierter Gesprächspartner. Einige sagten, dass sie mir gern Aufgaben übertragen würden. Doch dazu müsste ich einen im Westen anerkannten gemeinnützigen Verein hinter mir haben. Mit einigen hatte ich schon schlechte Erfahrungen gemacht. Deshalb nannte ich sie nicht, sondern erfand auf direkte Anfrage den Namen: „Trägerwerk Soziale Dienste". Dieses habe ich dann auch sehr bald zusammen mit kompetenten Beteiligten gegründet.

Wenn ich vorher gewusst hätte, was von da an an Erfahrungen und Erlebnissen auf mich zukommen würde, hätte ich möglicherweise einen anderen Weg eingeschlagen, zumal ich einige interessante Angebote aus den neuen Ländern wegen meines Engagements für die Trägerwerke ausschlagen musste. Doch mich trieb es an, viele Arbeitsplätze schaffen zu können und dabei die drei Grundprinzipien der vom Jesuitenpater Professor Oswald von Nell-Breuning entwickelten Soziallehre in die Praxis umzusetzen, nämlich Personalität, Subsidiarität und Solidarität. Ein ehemaliger Assistent Nell-Breunings war mein Geschichtslehrer gewesen und hatte uns dessen Lehren nahegebracht.

Es ist nicht einfach

Worin aber bestanden die größten Schwierigkeiten und Widrigkeiten meines Engagements? Zum Ersten war es sehr schwer, Termine einzuhalten. Die Entfernungen waren weit und die Verkehrsverhältnisse extrem schlecht. Ich war damals noch Mitglied im Stadtrat von Saarbrücken, und wenn ich am folgenden Tag einen Termin etwa in Bischofswerda hatte, musste ich noch am Abend zuvor nach den Stadtratssitzungen aufbrechen, um am anderen Tag pünktlich zu sein.

Übernachtungsmöglichkeiten gab es kaum, und ich musste oft in meinem Auto schlafen. Überall gab es Staus. Besonders sind mir die auf der Autobahn nahe Jena-Lobeda in Erinnerung. Hier war oft stundenlanges Warten angesagt. Gelegentlich wurden die Nächte erhellt, weil irgendwo ein altes ausrangiertes Auto in Brand geriet, das ein geschäftstüchtiger „Wessi“ einem Ostdeutschen angedreht hatte.

Einmal hatte ich für eine Mandantin einen dringenden Termin vor dem Jugendhilfeausschuss in Cottbus. Ich hatte mich gründlich verspätet, und als ich vor dem Rathaus der Stadt nur noch einen freien Parkplatz sah, fuhr ich dort hinein und schnitt einer Frau, die ebenfalls dort parken wollte, den Weg ab. Als ich endlich vor dem Ausschuss eintraf, wurde ich getröstet, weil die Vorsitzende auch noch nicht eingetroffen sei. Als sie endlich erschien, war es die Dame, der ich den Parkplatz weggenommen hatte. Zum Glück hat sie mir verziehen.

Ich bin vielen arroganten „Wessis“ begegnet, und es würde zu weit führen, alle Erlebnisse zu nennen. Einige besonders typische will ich jedoch nicht auslassen.

Unterwegs mit Spekulanten und Goldgräbern

Ein Mann wurde mir als Partner empfohlen, von dem es hieß, dass er eine ganze Seniorensiedlung errichtet habe und sich aus Altersgründen zurückziehen wolle. Misstrauisch wurde ich, weil man mir sagte, dass ich mich mit meiner Entscheidung beeilen müsse, weil es einen potenten Mitbewerber geben würde.

Ich rief den Projektgründer an, und dabei kam heraus, dass er das Projekt angefangen, aber abgebrochen hatte, weil ihm das Geld ausgegangen war. Als Bedingung für die Übernahme nannte er, dass auch das Privathaus, das er für sich zu bauen begonnen hatte, fertiggestellt werden müsse. Er verlangte dafür ein lebenslanges Wohnrecht und außerdem die Gesamtleitung des Projektes, da er allein die notwendige Qualifikation mit sich brächte. Natürlich habe ich ihm dringend geraten, den Mitbewerber vorzuziehen.

Irgendwann bekam ich Besuch von einem jungen Mann, den meine Frau und ich während seiner Kindheit einige Zeit umsorgt hatten. Er war inzwischen Vorsitzender eines nennenswerten Trägers der Gesundheitsvorsorge. Er bot mir an, seine Gesellschaft als Referenzunternehmen für meine Ostaktivitäten zu nutzen und wir gründeten in Dresden ein Tochterunternehmen seiner Organisation.

Als er feststellte, dass dort recht hohe Finanzflüsse zustande kamen, riss er, entgegen unseren Absprachen, die Führung der Maßnahmen immer mehr an sich. Als er mich dann auch noch beauftragte, ein Schloss für ihn zu kaufen („Die kriegt man zur Zeit doch für eine Mark!“), von dem aus er seinen Repräsentationspflichten nachkommen werde, kam in mir der Verdacht auf, dass mit ihm irgendetwas nicht ganz stimmte. Mir hielt er vor, dass ich zu gutwillig mit den ehemaligen DDR-Bürgern umgehen würde, von denen doch über die Hälfte politisch belastet seien.

„Trägerwerk Soziale Dienste“ – der Beginn

Er machte eine Rundreise durch mehrere Sozialämter in Sachsen, um dort mit deren Leitern Verhandlungen zu führen. Ich ließ mir die Daten dafür von ihm geben und vollzog diese Reise nach, in dem ich mich zwei Stunden später ebenfalls bei den Sozialdezernenten anmeldete. Der Erste, bei dem ich eintraf und der Vertrauen zu mir gefasst hatte, empfing mich stöhnend mit den Worten: „Ich habe Sie schon erwartet."

Mein Vorsitzender brachte mich von einer Verzweiflung zur nächsten. Er wurde zu einer Konferenz der Landräte von Sachsen eingeladen und erklärte dort: „Ich weiß ja, dass ich hier schon fast in Polen bin!" Daraufhin wurde ich vor den Justitiar eines baden-württembergischen Landkreises zitiert, der die Aufgabe hatte, die sächsischen Räte juristisch zu beraten. Es gelang mir, den Mann von meinen redlichen Absichten zu überzeugen. Im Ergebnis entschied ich mich, nicht mehr auf andere Organisationen zu setzen und stattdessen mit meinem neu gegründeten Verein „Trägerwerk Soziale Dienste" die Alleinverantwortung für meine Initiativen zu übernehmen.

Auch das blieb nicht ohne Schwierigkeiten. Viele „Berater" dienten sich mir an, und einer war durchtriebener als der andere. Es ist unglaublich, wie viele Menschen mitbestimmen wollen, ohne je etwas zum Erfolg einer Angelegenheit beigetragen zu haben.

Auf Empfehlung engagierte ich einen Finanzberater, der mir ständig neue Probleme aufzeigte, aber nie zu deren Lösung beitragen konnte.

Inzwischen hatte ich die Trägerwerke in Sachsen und Thüringen gegründet und einige weitere soziale Vereine beraten und aufgebaut. Hinter meinem Rücken gründete er zwei GmbHs und hatte den Plan, dort alle Gewinne, die aus meinen Tätigkeiten erwachsen würden, zu kanalisieren und selbst zu verwalten. Gegenüber meinem Freund, dem Vizepräsidenten der Arbeitskammer, entwarf er ein System, in dem er die finanzielle Verantwortung für meine Aktivitäten übernehmen werde und ich die Rolle des „Papstes der Gemeinnützigkeit" übernehmen sollte.

Glücklicherweise hatte ich neben Rechtswissenschaften auch Wirtschaft und Buchhaltung studiert und erkannte bald seine Ambitionen. Er brachte uns auch früh schon dem Ruin nahe, weil er Fördermittel, die wir erhalten hatten, nicht als Sondervermögen, sondern als normale Einnahmen verbucht hatte. Es kam zu einer Krisensitzung mit dem Kreditvorstand der für uns maßgebenden Bank für Sozialwirtschaft, bei der ich unseren Bankrott aufhalten konnte. Zum Glück hatte meine eigene Hausbank ihr ein positives Gutachten über mich ausgestellt. Ich versprach, das Defizit von damals vier Millionen Mark in vier Jahren in ein positives Ergebnis in derselben Höhe umzuwandeln, und man hat mir geglaubt. Als ich vier Jahre später dieses Versprechen noch ein wenig übertrumpfen konnte, war unsere Kreditwürdigkeit erkennbar gestiegen.

Glück muss man haben

Zu Hilfe kam uns dabei auch ein unerwarteter Glückstreffer. Bei einem Gespräch mit dem Landrat des früheren Landkreises Dresden, hatte mir dieser gesagt: „Wir haben ein Problem mit einem Kinderheim in der Stadt Radebeul. Es befindet sich in einer Villa in bester Lage am Fuß der dortigen Weinberge. Das Grundstück ist in einem Restitutionsverfahren an einen Westdeutschen übertragen worden. Sie sind doch Jurist und könnten sich darum kümmern."

Es handelte sich um ein Anwesen, dessen Wert – unerschlossen – auf 10,4 Millionen Euro taxiert wurde.

Ich erfuhr, dass ein Architekt in Bautzen damit beauftragt war, das Gelände für den Erben zu veräußern. Zusammen mit dem neu ernannten Landesgeschäftsführer des Trägerwerks in Sachsen fuhr ich zu diesem Architekten und er nannte mir den Kaufpreis von

4,5 Millionen Mark. Die hatten wir damals nicht einmal im Ansatz zu bieten, und auch der Landkreis zeigte kein Interesse, diesen Preis zu zahlen.

Dennoch habe ich nicht aufgegeben, und als ich erfuhr, dass der Erbe des Grundstückes in Dresden zu Besuch war, habe ich ihn aufgesucht und bei ihm vorgesprochen. Er erzählte mir, dass er schon seit vielen Jahre seinen Wohnsitz auf Mallorca habe. Da ich selbst ein Mallorca-Fan bin, kamen wir bald in ein angeregtes Gespräch. Als ich ihm sagte, dass bei einer Grundstücksübereignung für ihn keine Steuerzahlung anfallen würde, verringerte er sein Angebot um eine Million. Doch auch das überstieg bei weitem unsere Möglichkeiten. Am Schluss unseres Gespräches erklärte er spontan: „Vielleicht kann ich auch einmal etwas Soziales tun."

Diesen Satz habe ich aufgegriffen und eine Vorstandssitzung der Trägerwerke nach Mallorca einberufen. Sie fand in der Finca des Erben statt und brachte ihm uns und unser Anliegen näher. Er fand v.a. unseren sächsischen Landesgeschäftsführer sympathisch und lud ihn ein, zehn Tage Ferien bei ihm zu verbringen. Dabei schlossen er und seine Frau Freundschaft mit unserem Kollegen. Im Ergebnis übertrug er uns sein ererbtes Anwesen gegen die Auflage, seiner Frau bis an ihr Lebensende eine Leibrente zu zahlen – und sich danach einmal im Jahr um ihre Grabstätte zu kümmern. Das haben wir selbstverständlich zugesagt.

Vier Tage nach der notariellen Beurkundung der Grundstücksübertragung verstarb der Erbe im Alter von 94 Jahren. Seine Frau überlebte ihn um viele Jahre und wurde 104. Wir haben alle Zusagen eingehalten und bekamen deshalb Probleme mit dem Finanzamt. Die Vorstandssitzung auf Mallorca fand man noch zielführend, doch unsere jährlichen Besuche für übertrieben. Wir haben uns darauf geeinigt, dass wir die Reisekosten privat bezahlt haben. Auf dem über 10.000 Quadratmeter großen Grundstück betreiben wir bis heute zwei soziale Einrichtungen. Eine davon haben wir nach der Frau des Erben, der „auch einmal etwas Soziales tun wollte", benannt. Für unsere Banken blieb das Anwesen im Hintergrund immer eine Sicherheit bei Kreditvergaben.

Erfahrungen und Aktivitäten

Ein Wirtschaftsberater, der von einem unserer Gremien engagiert worden war, kam zu dem Ergebnis, dass das rasante Wachstum der Trägerwerke, das sich zu diesem Zeitpunkt abzeichnete, von mir allein und den unerfahrenen ostdeutschen Mitarbeitern nicht geführt werden könne. Er empfahl daher dringend, dass wir eng mit einem schon lange bestehenden Wohlfahrtsträger zusammenarbeiten sollten.

Dessen Chef lud mich zu einer längeren Autofahrt ein und bot mir an, der Ostbeauftragte seiner Organisation zu werden. Dazu sollte ich fürstlich entlohnt und mit einem Dienstwagen samt Fahrer ausgestattet werden. Dagegen sollten alle wirtschaftlich attraktiven Einrichtungen der Trägerwerke auf seinen Wohlfahrtsträger übereignet werden. Ich habe dankend abgelehnt.

Bei einer Jubiläumsfeier meiner früheren Schule traf ich einen Mitschüler wieder, mit dem ich in unserer damaligen „Sozialen Gruppe" eng zusammengearbeitet hatte. Er war als hoher Beamter in Pension gegangen, hatte Zeit, und ich erwartete mir eine große Unterstützung. Doch stattdessen begann er, sich immer mehr unberechtigt in organisatorische Fragen der Trägerwerke einzumischen, brüskierte und drangsalierte meine Mitarbeiter und wollte nicht einmal die Empfehlungen unserer Wirtschaftsprüfungsgesellschaft akzeptieren. Schließlich stellte er auch noch zwei Strafanzeigen gegen mich und meinem Vorstand. Die Vorwürfe waren sehr umfangreich, so dass die Staatsanwaltschaft drei Jahre lang ermittelte. Schließlich hat sie das Verfahren eingestellt. Für uns hatte dies den Vorteil, dass wir daraufhin viele Jahre von weiteren öffentlichen Überprüfungen verschont blieben.

Eine große Hilfe beim Aufbau der Trägerwerke war uns immer der „Ensheimer Kreis". Dabei handelt es sich um eine Arbeitsgruppe, die ich 1970 mit dem Pädagogen, Kulturpolitiker und späteren Intendanten des Saarländischen Rundfunks, Professor Dr. Hubert Rohde (1930–2019) gegründet hatte. Dieser Kreis traf sich regelmäßig zu Seminaren, hatte auch innerdeutsche Themen zum Schwerpunkt und über hundert hoch qualifizierte Mitglieder aus vielen Fach- und Berufszweigen. Sie trugen mit ihren Erfahrungen und Kenntnissen erheblich zu den Erfolgen der Trägerwerke bei. Das Trägerwerk in Mecklenburg-Vorpommern wurde spontan bei einer Tagung des Kreises in Schwerin gegründet.

Erfahrungen - Probleme - Aktivitäten

Ich will nicht verhehlen, dass uns auch von ostdeutscher Seite viele Problem in den Weg gelegt wurden. Es gab etliche Rivalitäten und Ungerechtigkeiten. Eines Tages rief der Chef des Arbeitsamtes von Dresden bei meiner Frau an und sagte: „Wenn ihr Mann morgen früh um neun Uhr nicht bei mir auf der Matte steht, wird es einem Riesenkrach geben!"

Was war geschehen? Er hatte mir, weil er mich kannte und mir vertraute, eine größere Arbeitsbeschaffungsmaßnahme bewilligt. Einer seiner Mitarbeiter hatte andere Pläne und war auf unser Projekt eifersüchtig. Beim Beginn der Maßnahme hatte er sich vor dem dafür vorgesehenen Gebäude auf die Lauer gelegt und festgestellt, dass dort niemand erschienen war. Als meine Frau mich von dem Anruf in Kenntnis setzte, war ich gerade in Berlin. Ein Direktflug nach Dresden war an diesem Tag nicht möglich. Also flog ich zurück nach Saarbrücken, von dort nach Frankfurt und von da nach Dresden. Ich war pünktlich und konnte den Fall aufklären. Der vorgegebene Ort für die Maßnahme hatte sich, was damals sehr oft vorkam, als ungeeignet erwiesen und war kurzfristig verlegt worden. Alle Vorschriften wurden eingehalten, und das Projekt erwies sich als Erfolg.

Für einen Landkreis plante ich die Errichtung eines Hospizes. Als Gründer und Vorsitzender der Bundesarbeitsgemeinschaft Hospiz kannte ich mich mit diesem Thema gut aus und reichte bei einem Landessozialministerium entsprechende Konzepte ein. Anstatt sie aber, wie vorgesehen, an das Bundesarbeitsministerium weiterzuleiten, kopierte die zuständige Sachbearbeiterin meine Konzeption und reichte sie als eigenen Antrag für eine Organisation, der sie angehörte, beim Bundesminister ein. Fatalerweise hatte sie übersehen, dass darin noch in einer Textstelle das Trägerwerk als Organisation genannt war. Zum Glück kannte mich auch der zuständige Staatssekretär im Ministerium, sodass wir den Zuschlag erhielten und ein Modellhospiz errichten konnten, das andere Hospizinitiativen sich zum Vorbild nahmen. In diesem Fall hatten wir Erfolg, bei einigen ähnlichen Vorkommissen zogen wir den Kürzeren.

Einige Konkurrenten arbeiteten mit unlauteren Mitteln, und so wurden wir gegenüber zwei Sozialämtern dem Verdacht ausgesetzt, einer amerikanischen Sekte anzugehören. Es ist schwer, zu beweisen, dass man irgendwo nicht Mitglied ist. In unserem Fall konnte ich die Religionszugehörigkeiten unserer Vorstandsmitglieder belegen. Alle waren evangelische oder katholische Steuerzahler.

In der Anfangszeit musste ich auch öfter Verhaltensfehler ausbügeln. Eine Mitarbeiterin, die einen Studienabschluss als Wirtschaftsmanagerin vorlegen konnte, war mit den neuen Managementerfordernissen überfordert und machte schwere Abrechnungsfehler. Eine unserer ersten Buchhalterinnen stellte immer, wenn ich Fragen an sie hatte, ihren Computer an und sagte, sie brauche etwas Zeit zum Recherchieren. Wenn ich dann ihr Büro verlassen hatte, stellte sie den Computer wieder ab und begann mit der Hand nachzurechnen … Wir haben dann bald eine geeignete Stelle für sie schaffen können.

In Anwesenheit des zuständigen Sozialdezernenten eines Landkreises haben wir eine Betreuungseinrichtung für misshandelte Mädchen eröffnet und entsprechendes Fachpersonal eingestellt und bezahlt. Dreimal habe ich die Leiterin getroffen und gefragt, ob die Einrichtung erfolgreich liefe. Jedes Mal erhielt ich die Antwort: „Ja, alles läuft gut." Nach einigen Monaten kam ich dann dahinter, dass die Gruppe noch keine einzige Klientin aufgenommen hatte. Man hatte sich damit zufriedengegeben, jeden Morgen intensive Fachgespräche zu führen. Das aufgetretene finanzielle Defizit musste ich mühevoll ausgleichen.

In einer Stadt übernahmen wir einen Kindergarten und mussten das dafür vorgesehene Gebäude sanieren. Dabei unterlief der damit beauftragten Firma ein Fehler, und es entwickelte sich an der Decke eines Raumes ein Pilzbefall. Daraufhin kam es zu einem Skandal. Drei von den Eltern der Kindergartenkinder waren Mikrobiologen und setzten uns erheblich unter Druck. Einer der Elternsprecher kontaktierte mich zusammen mit einem Journalisten, der mir erklärte, beim Schutz von Kindern kenne er keine Nachsicht. Der Vorfall könne unsere Existenz gefährden. Beide verlangten von mir, dass ich den Elternsprecher alle zwei Tage anrufen und auf dem laufenden Stand bringen müsse.

Mit großem finanziellem Aufwand haben wir auch dieses Problem gelöst. Wenig später erhielt ich den Brief eines Gerichtes, in dem mir mitgeteilt wurde, dass der vorgenannte Elternsprecher die Auflage bekommen habe, sich seinen beiden Kindern nicht mehr als 200 Metern zu nähern. Auch das gehörte zu meinen Erlebnissen.

Das Trägerwerk – Erfolgsgeschichte und Beitrag zur sozialen Infrastruktur

Der Aufbau der Trägerwerke war mit etlichen Hürden und Rückschlägen verbunden. Dennoch war er letztlich erfolgreich. Bis 2024 hatten wir in sieben Bundesländern über 400 soziale Einrichtungen geschaffen, 3.000 fest angestellte Mitarbeiter und ein solides finanzielles Fundament erarbeitet. Das war vor allem aus drei Gründen möglich. Zum einen hatte ich seit meiner Schulzeit freiwillige soziale Arbeit geleistet und kannte mich in den meisten Problemfeldern gut aus.

Auch durch mein umfangreiches Studium und meine berufliche Laufbahn als Richter, Dozent und Rechtsanwalt konnte ich viele wertvolle Erfahrungen sammeln. Vor allem kannte ich die DDR und ihre Strukturen. Am Anfang meiner Tätigkeit konnte ich meinen ostdeutschen Mitarbeitern manche Hinweise geben und auch Fahrtstrecken erklären. Vor allem aber hatte ich Verständnis für diejenigen, die dort über vierzig Jahre als Bürger gelebt hatten.

Eine große Hilfe war mir dabei auch meine Frau, die Diplompsychologin ist und von Anfang an mein Engagement ehrenamtlich unterstützt hat. Oft habe ich sie angerufen und gebeten, mir in kurzer Zeit eine psychologische Konzeption zu erstellen, die ich für meine Verhandlungen benötigte. (Oft versuchten Amtsträger, die anderen Bewerber zu bevorzugen und mich unter Termindruck zu setzen).

Eine zweite wichtige Voraussetzung für den Erfolg war es, dass ich schon zum Anfang der Tätigkeiten ein Kuratorium ins Leben gerufen hatte, das aus hochgradigen Experten, u. a. drei ehemaligen Sozialministern, bestand. Diese gaben uns, im Gegensatz zu vielen der angeblichen „Berater“, viele wichtige Impulse. Außerdem gewährleisteten sie eine gewisse Solidität des Unternehmens.

Als dritten, aber nicht letzten Grund will ich nennen, dass es mir gelungen ist, eine große Schar von qualifizierten Mitarbeitern zu gewinnen und auch heranzubilden. Ich mache mir nichts vor. In Westdeutschland wäre es mir nie gelungen, so viele fähige Mitarbeiter um mich zu versammeln, wie nach der Wende in der ehemaligen DDR. Der Umbruch in diesem Teil Deutschlands hatte viele Fachkräfte freigesetzt, die sich andernfalls nicht bei einem Wohltätigkeitsverein engagiert hätten.

Die Wiedervereinigung kam passend zu meinem 18. Geburtstag

Heiko Björn Gustavs

Beginnen wir am Anfang. Gezeugt wurde ich auf der Insel Hiddensee und geboren am 21. April 1972 in Neuruppin. Ich bin aufgewachsen im Haus meiner Großeltern – mit parkähnlichem Grundstück am See. Meine Eltern waren beide Diplomlehrer im Zweitberuf, die Großmutter selbständige Tanzlehrerin und der Großvater freier Künstler. Meine Geschwister Karen und Björn wurden 1974 und 1975 geboren. Es herrschte eine liebevolle offene Atmosphäre, mit Bildung, Kunst und Westverwandtschaft – kurzum: Ich war in einer privilegierten Situation.

Kindheit in der DDR

Meine Kindheit war unbeschwert, behütet und schön. Ich war viel im Garten, auf und im Wasser und fuhr täglich mit dem Fahrrad fünf Kilometer zur Schule. Zur Jugendweihe bekam ich von der Westverwandtschaft (die Mutter und zwei Brüder meiner Mutter sowie zwei Tanten) einen schwarzen *Sharp*-Stereo-Radio-Recorder mit Kassettenplayer. Ich war glücklich und fühlte mich königlich.

Dazu gab es einfache gebrauchte Westklamotten – Hauptsache, nicht so aussehen wie die anderen. Viele Klassenkameraden bekamen ein Mono-DDR-Kassetten-Radio. In der Klasse kam es nicht selten vor, dass fünf Jungs das gleiche Nicki (T-Shirt) trugen. Nicht, weil es besonders schön war, sondern weil es das Einzige war, das es aktuell in der DDR-Jugendmode zu kaufen gab.

Natürlich wurden die Kinder organisatorisch auf ein geordnetes Leben in der DDR vorbereitet. Das störte mich als Kind überhaupt nicht – auch unsere Familie, parteilos, bekam nie Probleme mit dem Staat. 1981 wurde ich Mitglied im Deutschen Turn- und Sportbund für Kinder und zahlte vom Taschengeld monatlich 20 Pfennig Beitrag. Die Sportärztliche Untersuchung beim Kreissportarzt fand am Tag vor meinem zehnten Geburtstag statt. Die Schwimmabzeichen der Stufen 1, 2 und 3 legte ich mit Urkunde ab.

Mit dem „Teilnehmerheft für Schüler und Lehrlinge an der Feriengestaltung der Deutschen Demokratischen Republik" des „Zentralen Ausschusses für Feriengestaltung beim Ministerrat der DDR" konnte ich in der fünften Klasse an einer „organisierten Ferienform mit Lagercharakter" teilnehmen. Die „Ärztliche Feststellung der Lagertauglichkeit" erfolgte am 29. Juni 1983 für ein erlebnisreiches Ferienlager in einem Schulgebäude mit Feldbetten in Arnstadt bei Erfurt. Die anderen Kinder kannte ich vorher nicht. Im Tagebuch finden sich viele Einträge zu Ausflügen mit dem Zug, nach Eisenach auf die Wartburg, zur IGA nach Erfurt, ins Zeiss-Planetarium Jena, ins Schloss- und Puppenmuseum sowie anstrengenden Wanderungen, Kino- und Freibadbesuchen, Handballspielen, leckerem Broiler und Brause.

In der sechsten Klasse wurde ich ausgezeichnet und gehörte einer 15-köpfigen Bezirksdelegation der DDR in der Pionierrepublik „Wilhelm Pieck" an. Im Mai 1984 nahm ich vorab am Vorbereitungslager in Markgrafenheide an der Ostsee teil; wir lauschten den Vorträgen über die Pionierrepublik, übten das Massensingen und zeigten unser einstudiertes Kulturprogramm.

Das internationale Sommerlager am Werbellinsee mit Schülern aus 50 Ländern der Welt – auch aus West-Berlin, der BRD, USA, aus Syrien, Mongolei, Äthiopien, Chile, Österreich, Belgien, Finnland und Polen – hat mich sehr beeindruckt und geprägt. Neben Fahnenappellen und viel sportlicher Betätigung gab es gut vorbereitete Treffen mit den ausländischen Delegationen und den Austausch von Gastgeschenken. Wir machten gemeinsame Ausflüge, spielten oft Tischtennis und schauten im Freilichtkino „Die Olsenbande und ihr großer Coup" von 1972. Lange pflegte ich anschließend in Berlin eine Freundschaft mit Hulan aus der Mongolei und eine Brieffreundschaft mit Pekka aus Finnland.

Meine Mitgliedschaft in der FDJ (Freie Deutsche Jugend – der Name täuscht) begann 1985 und endete 1989, ersichtlich an den eingeklebten Monatsmarken zu 30 Pfennigen und den Sondermarken „Weltbundbeitrag", „Brigaden der Freundschaft" und „FDJ-Aufgebot DDR 40". Die Versammlungen waren sehr formell und am schönsten, wenn sie schnell vorbei waren.

Mein „erster Aufstand gegen die DDR" endete am 29. Januar 1986 mit der Mitgliedschaft in der Gesellschaft für Deutsch-Sowjetische-Freundschaft. Ich wollte eigentlich nicht in diese „Zwangsmitgliedschaft", da keine freie Entscheidung möglich war. Leider wurde nur bei Schülern mit ganz schlechten Noten der Verzicht geduldet, aber dem Sohn eines Lehrers an derselben Schule selbstverständlich nicht. Neben mahnenden Gesprächen in der Schule, wie wichtig diese Freundschaft wäre, gab es keine weiteren Konsequenzen.

In den Ferien durften wir uns mit 14 Jahren im „Lager für Arbeit und Erholung" Taschengeld verdienen, vielleicht auch, weil Arbeitskräfte in der DDR fehlten. Für das Harken auf dem Friedhof oder das Streichen von Brücken in Fehrbellin gab's fünf Mark die Stunde, doppelt so viel wie bei anderen Tätigkeiten. Die selbstgestrichenen Brücken nahe einer Eisdiele besuchte ich oft voller Stolz mit Gästen.

Beim Tanzunterricht in der achten Klasse tanzte meine Großmutter mit mir den 50 Mitschülern die neuen Tänze vor: Foxtrott, Walzer, Polka, Tango, Twist und Jive, denn sie war die Tanzlehrerin, 77 Jahre alt. 1934 gründete sie in ihrem Elternhaus am Neuruppiner Paradeplatz die private „Schule für Gesellschaftstanz und Gymnastik". Generationen lernten bei ihr das Tanzen und gute Umgangsformen. Sie wurde mehrfach ausgezeichnet und schaffte es mit ihrer Tanzgruppe bis ins Fernsehen.

Ihr Großvater, Kaufmann und Stadtrat Carl Tourneau, wurde 1910 als Stadtältester Neuruppins ausgezeichnet, die beeindruckende Urkunde befindet sich in meinem Besitz. Mein Ur-Ur-Ur-Großvater war Bürgermeister in Bottrop-Kirchhellen im Ruhrgebiet. Ich kam später auch noch zur Politik. Meine Ahnentafeln reichen übrigens über die Linien Lützow, Ebell und Gentz zurück bis zum 1527 geborenen Bergemann, Dr. med., Magister, Professor der Mathematik und Medizin, Rektor an der Universität Frankfurt (Oder) und Leibarzt des Kurfürsten Joachim II. und seinem Sohn, dem in Neuruppin tätigen Apotheker und Ratskämmerer.

1987 erfolgten die Grundausbildung im Deutschen Roten Kreuz der DDR, die Mitgliedschaft im Wasserrettungsdienst des DRK und die Rettungsschwimmer-Stufe 1. Die Stufe 2 folgte 1988, und damit war ich auch für 1989 nachweislich einsatzberechtigt. Als Rettungsschwimmer verdiente ich nach den Schulstunden der zehnten Klasse noch Geld in der Schwimmhalle und brachte besonders den russischen Kindern das richtige Verhalten bei.

Im Sommer war ich im Freibad Alt-Ruppin eingesetzt. Mit 15 Jahren wurde ich von einer jungen russischen Rettungsschwimmerin zum Essen eingeladen. Sie und ihr Mann, der als russischer Offizier in Neuruppin stationiert war, wohnten beengt in einem Zimmer außerhalb der Kasernen mit 20.000 russischen Soldaten. Ich war von der sprichwörtlichen Gastfreundschaft überwältigt. Zuerst eine Suppe, Mittagessen mit Nachschlag und Nachtisch, dann wurden noch Torten aufgetafelt. Ich habe noch nie so viel auf einmal gegessen – ich wollte ja nicht unhöflich erscheinen.

Neben dem Schwimmen war ich auch beim Volleyball aktiv, bis hin zum Bezirksturnier. Bei einer Neuruppiner Meisterschaft siegte unser Verein. Darüber berichtete sogar die Zeitung, denn die halbe Mannschaft hieß Gustavs. Ich spielte im Verein meiner Eltern mit.

Am 4. August 1988 erweiterte ich den Befähigungsnachweis zum Führen von Sportmotorbooten und Sportsegelbooten auf Binnengewässern auf den Bereich der Seewasserstraßen. Ich bin gerne gesegelt und gesurft und nutze den Führerschein heute immer noch – aber mehr für Motoryachten. Die praktische Segelprüfung musste ich nicht ablegen, da ich auf die Frage des Segellehrers, ob mein Vater oder ich das Segelboot so gekonnt zum Prüfungsort gesegelt hätte, mit „ich" antwortete. Den Segelschein brachte er uns gerne persönlich vorbei und sagte vorab: „Übrigens, am liebsten trinke ich Klaren." Heute ist es klar – vom Klaren kann man nicht benebelt sein …

In der Abschlusszeitung der Klasse 10b stand 1988: „Poeten sind wir leider nicht, / uns küsste nie die Muse. / Gefällt dir unsere Zeitung nicht, das nächste Mal machst du se." Und über mich: „Er ist der ‚Schönste'. Manchmal glaubten wir, dass die Haare schon gar nicht mehr glatter gingen. Aber man soll ja nicht nach dem Aussehen urteilen. Er hat einen guten Charakter und ist ein netter Kumpel." Zum Klassentreffen sahen sich die meisten in den Jahren 1998 und 2003 wieder.

Seit dem 28. September war ich Mitglied in der Gesellschaft für Sport und Technik (GST). Im Ausweis stand auf der ersten Seite „Der Schutz des Friedens und des sozialistischen Vaterlandes ist Recht und Ehrenpflicht der Bürger der Deutschen Demokratischen

Republik.“ Die Genossen konnten beim Ausfüllen meiner Wohnanschrift wohl von den großen Namen nicht genug bekommen und machten aus der Lindenallee eine Leninallee. Die Quartalsmarken zu je einer Mark waren auch hier nur bis Ende 1990 geklebt. Diese Mitgliedschaft war wichtig, um über die GST den Motorradführerschein zu bekommen. Von Oktober 1990 bis Juni 1991 machte ich dann gleich noch den Autoführerschein, allerdings mit vielen neuen „westlichen“ Regelungen, die ich aber während der Nachtschichten in der Bezirksnervenklinik Neuruppin lernte und so die Prüfung fehlerfrei schaffte.

Ausbildung begann in der DDR und endete in der BRD

Meine Lehre zum Elektromonteur begann ich im September 1988 im Volkseigenen Kombinat Kernkraftwerke „Bruno Leuschner“, Stammbetrieb Greifswald mit der Ausweisnummer 018081. Den Ausweis mit Magnetstreifen zum Betreten des Geländes habe ich immer noch, da ich ihn nicht an die „Abteilung Territoriale Sicherheit“ in Greifswald zurückschicken wollte.

Der Direktor der Berufsschule bat mich anfangs zum Gespräch. Ich sollte meine Westkontakte mit Adressen auflisten (also Tanten und Onkel), und er riet mir für mein berufliches Weiterkommen, dass es zwar nicht Pflicht aber doch besser wäre, wenn ich ihn informieren würde, sobald ich Post aus dem Westen bekäme. Die Auflistung füllte ich mit meinen Eltern aus – vermutlich waren die Adressen ohnehin bekannt. Eine Mitteilung über den Posteingang hätte ich jedoch nicht gegeben. Mehr ist mir in dieser Richtung nicht widerfahren. 2025 erhielt ich auf Anfrage beim Stasi-Unterlagen-Archiv die Auskunft, dass über mich keine Akte existiert – ein wenig erleichtert und enttäuscht war ich schon.

Ab Oktober wurde ich zwangsläufig Mitglied im FDGB, dem Freien Deutschen Gewerkschaftsbund, mit einem monatlichen Mitgliedsbeitrag von einer Mark und 25 Pfennig zur Solidarität und einmalig 50 Pfennig zum Ersten Mai 1989. Nach knapp anderthalb Jahren wurden keine Mitgliedsbeitragsmarken mehr geklebt. Die Mitgliedschaft hat sich nach der Wende auch automatisch erledigt, also kein aufwändiges Kündigen wie im Fitnessclub heutzutage.

Die Jugendjahre während der Ausbildung in Greifswald waren rückblickend eine feine Zeit. Nach der Berufsschule oder der praktischen Ausbildung im Kernkraftwerk Lubmin hatten wir fast täglich schöne Erlebnisse im Lehrlingswohnheim. Die Unterkunft kostete mich monatlich 30 Mark und verschlang damit einen großen Teil des Lehrlingsgehaltes von 120 Mark. Dienstags und donnerstags war immer Disco, in der „Schachtel", im „Glaskasten", im „Mensa-Keller" oder im „Hanse-Club". Zusätzlich fuhr ich fast jedes Wochenende mit dem Zug nach Hause und dann mit den Kumpels ab auf die vielen Dorf-Discos. In der Disco „Glaskasten" tanzte ich mal bei einem Elvis- Rock'n'Roll-Wettbewerb mit Katrin und gewann den ersten Platz. Den Gewinn – eine Weinflasche – tranken wir gleich aus. Heute weiß ich: „Rock'n'Roll" ist alter afroamerikanischer Slang für „Sex". Aber unsere wirbelnden schnellen Schritte mit spektakulärer Akrobatik, den Hebefiguren, Sprüngen und Würfen waren sicherlich ebenso atemberaubend.

Ich erinnere mich noch gut an den 25. März 1989. Nach einem Motoradunfall in Neuruppin schob ich die Karre zum befreundeten Chefarzt gegenüber der Poliklinik. Nach einem Schnaps und einer Zigarette war's nur noch halb so schlimm, die Platzwunde am Kinn hat er mit einem „West"-Pflaster geklebt, und so musste sie nicht genäht werden.

Im Mai stand eine Woche Wehrübung bei der GST an, mit Funkgeräteausbildung und Marsch in Uniform über die Dörfer. Die Bewohner schauten uns dabei so ungläubig an – da haben wir uns den Spaß gemacht und gerufen: „Der Krieg ist vorbei!"

Anfang Juli, mitten auf der vierstündigen Motorradfahrt von Neuruppin nach Greifswald, rutschte ich auf einer Holzbrücke weg. Ohne Spiegel und leicht demoliert bin ich weitergefahren und um 23.15 Uhr im Lehrlingswohnheim angekommen. In der nächsten Woche ging es mit dem reparierten Motorrad zum Zelten nach Rappin (Rügen) und die Woche darauf nach Rheinsberg.

Jährlich bekamen wir mehrfach Westbesuch, aus München, Stuttgart, Remscheid und West-Berlin. Zum 80. Geburtstag meiner Großmutter durfte dann nicht nur meine Mutter, sondern erstmals auch mein Vater mit in den Westen fahren. Vor der Ausreise wurden meine Eltern noch einzeln auf die Polizeistation zu einem Gespräch bestellt, um möglichst sicherzugehen, dass sie auch wieder zurückkommen. Am 1. August 1989 fuhren meine Eltern nach Oldenburg bei Bremen und brachten die Großmutter am 9. August für einen Besuch gleich mit nach Neuruppin. In dieser Zeit baute ich ein DDR-Motorrad MZ-ES 250 neu auf, das jahrelang draußen stand, und erneuerte die gesamte Elektrik aus normalen Verlängerungskabeln.

Dank meiner alten Kalender habe ich viele Daten parat. Auch so merkwürdige Einträge wie am 31. August: „Die Saustifte kommen" – also die neuen Lehrlinge, die einen Einstand geben mussten. Und so schöne Einträge wie am 28. September, als ich Kerstin kennenlernte, die mich dann „Einjahrzehnmonateundviertage" in großer Liebe über die Wendezeit begleitete. Diese Zeit mit ihr gehörte zur schönsten meines Lebens.

Die Zeit der Wende

Die politischen Bewegungen und Demonstrationen bekamen wir nur am Rande mit, wir hatten dafür noch keinen Sinn. Unsere Welt war in Ordnung, wir genossen die Jugend tanzend und feiernd und wussten mit den Einschränkungen umzugehen.

Heute ist bekannt, dass bereits am 1. September 1989, am Weltfriedenstag, in den kleinen Städten Neuruppin und Forst (bei Cottbus) Menschen auf die Straße gingen. Vor allem junge Menschen forderten die Öffnung der Grenzen. Die Leipziger Montagsdemonstration vom 9. Oktober 1989 galt als entscheidend für die friedliche Revolution in der DDR. Die größte Demonstration in der Geschichte der DDR fand am 4. November 1989 auf dem Berliner Alexanderplatz statt, zu der sich über eine halbe Million Menschen friedlich versammelten – meine Eltern waren auch dabei. Eine zentrale Forderung der Demonstranten war die nach Reisefreiheit. Durch einen Fehler bei der Pressekonferenz wurde am 9. November gegen Mitternacht die Grenze friedlich geöffnet und konnte durch den öffentlichen Druck und die Ereignisse nicht wieder geschlossen werden.

Die Wende hätte ich durch eine Krankheitswoche fast verpasst, der Betriebsarzt schrieb mich am Montag krank. Am Freitag, dem 9. November, ging es mir besser, und ich bin nach Neuruppin gefahren. Am Abend ab 18 Uhr verfolgte ich gespannt mit den Eltern die Nachrichten. Wir konnten kaum glauben, was wir hörten. Die Freude war groß – die Grenze nach West-Berlin wurde geöffnet. Am Freitag wollte ich gleich allein rüberfahren, aber es wurde von einem notwendigen Visum gesprochen: „Ausreisen könnten erst erfolgen, nachdem sie beantragt und genehmigt worden sind." Also habe ich weiter viel ferngesehen und den Plan gefasst, ein Visum für West-Berlin zu besorgen und erstmals „den Westen" zu besuchen. Am 11.11. war ich von 7.15 Uhr bis 9 Uhr bei der Neuruppiner

Polizei, erhielt den Visumsstempel und bin sofort per Anhalter nach Oranienburg gefahren. Von 12.30 Uhr bis 16.30 Uhr war ich in West-Berlin und um 22 Uhr wieder in Neuruppin, denn am nächsten Tag musste ich ja schon wieder mit dem Zug nach Greifswald fahren.

West-Berlin war voll, voller Menschen, glücklicher Menschen. Schon an der Grenze war die Schlange so lang, dass ich mich sorgte, es nicht mehr zu schaffen, und so stellte ich mich weiter vorn an. Die Stadt war schön, viel bunte Leuchtreklame, überall Westschokolade, vollste Regale, Ku'damm-Flair – aber auch Graffiti und Obdachlose. Von den 100 DM Begrüßungsgeld gönnte ich mir nur etwas Süßes und sparte den Rest. Das Benehmen einiger Ossis hat mich damals und teils bis heute so gestört, dass ich versuchte, als Wessi angesehen zu werden. Eine Szene ist mir noch vor Augen, als von einem LKW herab an die strömenden Ossis Tüten mit Bananen, Kaffee und Schokolade verschenkt wurden. Die Situation war so schon peinlich, dann aber rief noch eine Frau „Hier, ich kriege zwei Tüten, für mich und meinen Mann!" Auch die U-Bahnen waren voll und voller Gedränge, so dass ich mich teils freute und teils schämte. Alle wollten „nur mal gucken".

Am 2. Dezember fuhr ich dann mit Kerstin mit einem Sonderbus über Tegel nach West-Berlin. Wir hatten einen coolen Busfahrer, der uns mit Witzen wie diesen begeisterte: „Warum hat der Trabi keine Sicherheitsgurte? Weil man ihn sonst mit einem Rucksack verwechseln könnte." Oder diesen: „Trabi-Besitzer zum Tankwart: ‚Für meinen Trabi hätte ich gerne zwei Scheibenwischer' Darauf der Tankwart: ‚Okay, das halte ich für einen fairen Tausch!'" Am Ende der Stadterkundung und der Besichtigung der Nofretete-Büste waren wir fußlahm, kauften aber noch im Europa-Center ein: fünf Kassetten für sieben DM, Deo, Slips und *Nusspli*. Nach dem Besuch einer Peep-Show auf dem Ku'damm ging's wieder nach Hause.

In der Berufsschule kann ich mich noch an den Lehrer für Staatsbürgerkunde erinnern, der fast als Einziger die Wende nicht feierte, die Welt nicht mehr verstand, der wirklich an die DDR geglaubt hatte. Für ihn war eine Welt zusammengebrochen, für mich öffnete sich eine neue Welt. Mir lag die Welt zu Füßen, ich konnte reisen, auch wenn zunächst das Geld dafür fehlte. Aber ich hatte die Zukunft vor mir, ein schönes Gefühl. Die Wiedervereinigung kam für mich genau zur richtigen Zeit.

Die Ausbildung ging weiter, im Februar bestand ich die Prüfungen mit gutem Ergebnis. Im März 1990 erfolgte die Musterung für die Armee (Grundwehrdienst bei der Bundeswehr) – mit dem alten Kader, jenen Genossen, die einen Zivildienst innerlich ablehnten, ihn mir dann aber doch genehmigen mussten. Es war eine komische Zeit; auf dem Marktplatz von Greifswald wurden Westprodukte von fliegenden Händlern aus dem Westen verkauft.

Meinen 18. Geburtstag feierte ich im Westen, bei meiner Großmutter in Oldenburg. Die Zugreise in den Westen war spannend, leider kämpfte ich bei der Ankunft so mit Zahnschmerzen, dass ich zunächst einen Zahnarzt aufsuchen musste. Ab dann war der Aufenthalt wie im Paradies. Sie hat uns Enkeln früher regelmäßig West-Pakete geschickt und sich die Sachen und Süßigkeiten von der kleinen Witwenrente wahrlich „vom Munde abgespart". Ihr Mann Fritz starb mit 53 Jahren an Diabetes. Heute – gleichaltrig mit Diabetes – weiß ich, was das bedeutet.

Im Mai gab ich meine „Hausarbeit zur Facharbeiterprüfung zum Thema 0,4 KV Hauptverteilung HV1C" auf 35 Seiten mit sechs technischen Zeichnungen und der Selbständigkeitserklärung ab und verteidigte sie im Juni. Darin ging es um die durch Kernspaltung erzeugte Energie, die über die Blocktransformatoren die Hauptverteilungen speisen. Die HV1 im dritten Block C bestand aus 23 Zellen, jede umfasste etwa zwei Kubikmeter. Die aufwändige Schalthandlung hatte ich genau beschrieben – sie erfolgte immer durch zwei Personen mit geregeltem Ablauf in Kommandosprache und -führung.

In diesen Tagen habe ich mein blaues FDJ-Hemd provokativ halb in einen Müllcontainer gelegt, die Aufregung und Empörung der Lehrkräfte war sehr groß, aber der Schuldige konnte nicht gefunden werden.

Im Juli bekam ich mein Facharbeiterzeugnis und wechselte zum Kernkraftwerk Rheinsberg. Es wurde 1966 mit 70 Megawatt in Betrieb genommen und nach der Wende geschlossen. Aus meiner Aufgabe, die Energie für die Entwicklung des sozialistischen Staates mit zukunftsweisender Technik bereitzustellen und ein Leben lang in dem Werk zu arbeiten, wurde dank der Wende nichts. Ich wurde übergangsweise mit einem Arbeitsvertrag mit null Wochenstunden, aber in ständiger Bereitschaft auf Abruf – der nie erfolgte – angestellt. Im August folgten schöne Reisen nach Dachau, München und Österreich, mit vielen Einkäufen, vor allem einem neuen Integralhelm. Im Kalender notierte ich einen aufgeschnappten Ausspruch: „Ätzend mit de Leit, a echta Bayer ohne Bauch is a Krüppel."

Meinen Zivildienst in der Bezirksnervenklinik Neuruppin leistete ich vom 3. September 1990 bis zum 2. September 1991. Wir waren der erste Jahrgang seit 1972, bei dem der Dienst nur zwölf statt 15 Monate dauerte und das Monatsgehalt mehrmals erhöht wurde. Vom ersten Gehalt kaufte ich mir am Berliner Kaiserdamm meinen ersten Farbfernseher. Auf dem Klinikgelände bewohnte ich eine ganze Etage allein, mit fünf Toiletten und acht Waschbecken. In den zwei großen Sälen beobachte ich einmal Fledermäuse bei ihren Flugkünsten – weil ein Fenster länger offenstand. Zunächst war ich von den 40 Klienten auf der geschlossenen Psychiatrie-Station geschockt, später war's lustig, am Ende eher traurig mit anzusehen. Sie waren eingesperrt und mit vielen Tabletten täglich ruhiggestellt. Einige gingen zur Arbeitstherapie: Die eine Gruppe befestigte Fäden an Preisschildern und die andere Gruppe entfernte diese wieder – aus Mangel an Aufträgen. Es war eine neue Erfahrung, die mich im Umgang mit Menschen positiv schulte.

Am 2. Oktober 1990, dem Abend vor der Wiedervereinigung, feierten wir ausgelassen am Brandenburger Tor und am Reichstagsgebäude. Im Mai 1991 fuhr ich mit meinem schwäbischen Cousin im Porsche mit 260 km/h nach Stuttgart und zum Schloss der Hohenzollern – das war fantastisch.

Es musste noch mehr Westen sein – BRD, USA

Nach dem Zivildienst in Neuruppin wollte ich arbeiten und vor allem Geld verdienen. Also bin ich in den Westen auf Montage gefahren. Meine Wanderjahre führten mich dahin, wo es Arbeit gab, die gut bezahlt wurde. Ich verdiente viel Geld und sparte durch die Fahrgemeinschaften und Übernachtungen in einfachen privaten Unterkünften.

Von 1991 bis 1996 war ich als Elektriker bundesweit auf Montage, bei der BASF AG in Ludwigshafen, Opel in Eisenach, DOW INC in Stade, VW AG in Hannover, am Flughafen Frankfurt (Main), im PCK Schwedt und zuletzt im Kundendienst und Messebau in Berlin. Die ersten sechs Monate in Ludwigshafen lernte ich die westdeutsche Mentalität der Industriearbeiter kennen. Typisch mit der „Bild"-Zeitung, kaum einer war bereits im Osten, aber sie wussten alles besser. In der Werkskantine wurde Alkohol ausgeschenkt, damit die Horden nicht mittags das Werksgelände verlassen. Durch meinen fehlenden Dialekt wurde ich vereinzelt für eine Führungskraft gehalten. Zudem war ich einer der Wenigen, der unter dem

Helm noch Gel in den Haaren hatte, das passte da auch nicht so richtig hin. Aber ich wurde einer der Besten und Schnellsten und so wurde ich teilweise als Vorarbeiter eingesetzt. Später hat sich der erste Eindruck relativiert, da auch die Wessis nicht alle gleich sind.

Für das Motorrad blieb wenig Zeit und ich machte den Fehler, meine beiden Motorräder MZ-ES 150 und MZ-ES 250 zu verschrotten. Dabei war ich noch froh, sie kostenfrei loszuwerden. Jahre später bereute ich es und kaufte mir 2012 wieder eine historische MZ-ES 150 vom Baujahr 1968, die ich immer noch fahre.

Der Trabant meiner Eltern ist eines Samstagabends auf dem Weg zur Disco in einer Dorfkurve geradeaus gefahren – den Zaun reparierte ich später. Uns fünf Jugendlichen ist nichts passiert – das Auto fuhr ja noch. Meine Eltern borgten mir dann aber eine Weile kein Auto mehr. Also kaufte ich mir einen Wartburg, ein altes Fahrschulauto mit Pedalen – auch auf der rechten Seite. Meine Beifahrer haben immer so gerne Gas gegeben, dass ich sie abgesägt habe – die Pedale. Mein erstes richtiges Auto, ein schwarzes tiefergelegtes BMW-Coupé für 12.000 DM, kaufte ich vom selbstverdienten Geld. Die Kaufpreisverhandlung für dieses hochwertige Auto übernahm ein amerikanischer Freund für mich, der in unsere West-Berliner Bekanntschaft einheiratete. Ich hatte kurzzeitig das schönste Auto in Neuruppin. Dieses Auto hat mich auf einem Kurztrip bis nach Oslo in Norwegen gebracht.

Das Fernweh packte mich, auch durch die Freundschaft mit einem amerikanischen First Sergeant Recruiting Officer und den Besuchen bei der US-Army in Kaiserslautern. Er hat für mich seinen Job riskiert, da er mich heimlich mit aufs Gelände und in die Shops nahm. Danach plante ich monatelang meine Reise durch die USA. 1994 kündigte ich den Job (ich nahm ihn später wieder auf), verkaufte meinen BMW und fuhr allein in drei Monaten 14.000 Kilometer mit dem PKW durch 21 Bundesstaaten. In den Jugendherbergen lernte ich viele internationale Leute kennen. Von Orlando ging's nach New Orleans, zu Elvis nach Memphis, nach Dallas und weiter nach Chicago, Kanada, New York und Key West.

In Miami Beach sparten mir meine handwerklichen Fähigkeiten für sechs Wochen die Hotelkosten, für drei Stunden Arbeit pro Nacht. Durch einen Spruch der spanischen Hotelmitarbeiter an den „Ossi“: „Heiko, Dein Boss ist tot!“, erfuhr ich vom Tod Erich Honeckers Ende Mai. Innerhalb einer Woche machte ich noch einen amerikanischen Führerschein für 20 US-Dollar und besorgte mir eine Florida-ID-Card, so dass ich bei Kontrollen und in Discos nicht als Tourist auffiel. Diese Zeit gehört auch zu den schönsten meines Lebens, sie hat meinen Blick auf die Welt und Deutschland verändert und geprägt. Ich empfehle allen Jugendlichen ein Auslandsjahr, es muss ja aktuell nicht in den USA sein. Den Plan, ganz in die USA auszuwandern, gab ich dann bald wieder auf.

Mit den mitgebrachten Rollerblades war ich am 8. Juni 1995 auf meiner ersten „Love Parade“ auf dem Ku'damm, dann jährlich mit Freunden. Im November 1996 ging es mit meinem Kollegium erneut in die USA zum Grand Canyon und nach Las Vegas. Die nächste USA-Reise folgte für drei Wochen im Oktober 1998.

Von 1997 bis 2001 war ich in Berlin als Techniker im Gaststättenservice Eggert in der gehobenen Gastronomie tätig. Auch hier lernte ich sehr viel – von Reiner und autodidaktisch: den Aufbau und die Reparatur von Tresen- und Bierzapfanlagen, elektronischen Schanksystemen in Discos, Kühl- und Klimatechnik, Großküchengeräten und Kaffeemaschinen. Nachts mixte ich oft in einer Bar noch Cocktails im Zuverdienst.

Meine erste Wohnung bezog ich 1994 zur Untermiete in Köpenick, dann kam 1995 der Umzug in den Wedding, 1999 nach Mitte,

2004 nach Moabit; und seit 2005 lebe ich in meiner Eigentumswohnung, die ich günstig in einer Zwangsversteigerung erwarb und dann selber aufwändig renovierte.

Noch mehr Zahlen – gerne: Silvester 1999 feierte ich auf einem Berliner Dach, 2000 am Brandenburger Tor, 2001 in Südafrika – wieder zurück – gab's den Euro. 2002 kaufte ich mir historische Möbel von 1870 aus massivem Nussholz, die lange auf einem Weingut bei Bordeaux standen. Mein Eiche-Wohnzimmer aus der Zeit um 1900 habe ich selbst restauriert. Diese Antik-Leidenschaft fing mit dem Eiche-Jugendstil-Schreibtisch meines Großvaters an.

So wurde ich politisiert

Durch einen besonderen Zufall landete ich im Deutschen Bundestag. Auf einer der vielen Restauranteröffnungen, bei denen ich die Tresen- und Küchentechnik installierte, lernte ich beim ZDF Unter den Linden im Februar 2000 eine Besuchergruppe mit ihrer Bundestagsabgeordneten Silvia Schmidt kennen. Nach einem Wiedersehen im Deutschen Bundestag bot sich die günstige Gelegenheit, ihren ausrangierten Bundestags-Computer zu kaufen. Wir telefonierten auch am 11. September 2001 zu den Anschlägen in New York, als ich gerade im Hilton Hotel die Küche im „Capital Club" einbaute und das nicht mitbekam. Ich war immer mehr von „denen da oben" und der Bundespolitik fasziniert.

Das Angebot, ein Praktikum in ihrem Bundestagsbüro absolvieren zu dürfen, nahm ich sofort begeistert an und bin in diese neue spannende Welt eingetaucht. Das passte gut, in dieser Zeit war ich arbeitslos und in Verhandlungen mit einem Schweizer Unternehmen. Nach der Übernahme eines Kaffeemaschinenherstellers bot es mir die technische Leitung der Berliner Repräsentanz und ein Fahrzeug an.

Zum Ende des Praktikums, als die beiden anderen Mitarbeiter in ihrem Büro ausgeschieden waren, hat Silvia mir angeboten, im Bundestag zu bleiben. Die Entscheidung war nicht leicht, bei nun zwei guten Angeboten – aber ich wagte den Sprung ins kalte Wasser und bin geblieben. Sicherlich hätte ich auch immer wieder als Techniker arbeiten können.

Also habe ich die Chance dankbar ergriffen und mich autodidaktisch und mit zahlreichen Fortbildungen an „meiner Universität Deutscher Bundestag" weitergebildet und dann über zehn Jahre bis 2013 das Büro der Bundestagsabgeordneten Silvia Schmidt, MdB (SPD) geleitet. Ich hatte viel zu organisieren, zu netzwerken und vorzubereiten: Bürgersprechstunden, Besuche, Auslandsreisen, TV-Interviews, Demonstrationen, Jugendweihereden, drei Wahlkämpfe in Sachsen-Anhalt und hunderte Termine in Berlin.

Stolz schrieb ich an Bundestagsreden mit, bereitete die Arbeitsgruppen und Ausschusssitzungen vor und nahm an vielen wichtigen Gesprächen und Einladungen teil. Bei den jährlichen Sommerfesten im Schloss Bellevue erlebten wir vier Bundespräsidenten. Bei der Spargelfahrt duzten wir uns mit Kanzler Schröder beim Bier. Politisch ging es um nichts Geringeres als um Arbeit, Gesundheit und Soziales, um Ostrenten, Behindertenpolitik und die Bürgerversicherung. Diese Zeit, direkt im Zentrum der Macht, hat mich verändert und vielseitiges Interesse hervorgerufen. Die Arbeitstage waren oft zwölf Stunden lang, aber ich beschwerte mich nie – wollte ich ja immer schon „halbtags" arbeiten.

In den ersten Jahren rauchten wir noch im Bundestagsbüro. Im November 2003 hörte ich auf Hiddensee mit dem Rauchen auf. Als auch im Bundestag das Rauchen verboten wurde, durfte aber unser Büronachbar Altkanzler Helmut Schmidt weiterhin rauchen – er genoss hohes Ansehen und ich seine Reden.

Heute bin ich Geschäftsführer und Museumsleiter

Als Silvia aus gesundheitlichen Gründen nicht mehr zur Wahl antrat, gründeten wir 2009 die „Trägerwerk Soziale Dienste in Berlin und Brandenburg“ gGmbH, bei der ich zunächst Assistent und dann Prokurist war und heute Geschäftsführer bin. Mittlerweile betreuen wir erfolgreich 700 Kinder in ganz Berlin, betreiben ambulante Pflegedienste in Eberswalde und Bernau, ein soziales Berliner Kiez-Café sowie ein Schloss als Bildungsstätte für Ferienreisen. Unser Unternehmen ist eingebunden in die twsd gAG mit bundesweit fast 3.000 Mitarbeitenden.

Ehrenamtlich unterstütze ich seit 20 Jahren die kostenlosen Feriencamps „Demokratie und Persönlichkeit“ für benachteiligte Kinder und Jugendliche. In meiner Freizeit engagierte ich mich von 2007 bis 2017 als Vorsitzender des Verwaltungsbeirats einer Berliner Wohnungseigentümergemeinschaft und bin seit 2009 stellvertretender Vorsitzender der Deutschen Matt Lamb Gesellschaft e. V. Wir organisierten viele Ausstellungen und reisten mit der Kunst und der Friedensbotschaft von Matt Lamb durch Deutschland und nach Luxemburg, Chicago (USA), Cork (Irland), Barcelona (Spanien) und Dubai (VAE). Seit 2009 bin ich zudem stellvertretender Vorsitzender der Eggert Gustavs Gesellschaft e. V. und seit 2015 im Vorstand des Fördervereins des Heimatmuseums Hiddensee e. V. Parallel unterstützte ich von 2014 bis 2018 als Assistent des Finanzvorstandes die Bundesinitiative „Daheim statt Heim“ e. V., bei der sich auch einige Prominente engagierten.

Es reifte der langgehegte Wunsch, ein privates Kunst-Museum für meinen Großvater, den Hiddenseer Maler und Grafiker Eggert Gustavs – Sohn des Inselpastors und Altorientalisten Lic. Arnold Gustavs – zu errichten. Nach der Vereinsgründung 2009 mit vielen Verwandten und Freunden begann es 2012 mit dem Kauf der Alten

Schmiede auf der Insel Hiddensee. Nach der Eröffnung im Oktober 2019 berichtete das NDR-Fernsehen über das Eggert-Gustavs-Museum, das mit EU-, Bundes- und Landesmitteln gefördert und um einen Archivanbau erweitert wurde. Der Eggert Gustavs Gesellschaft e.V. wurde für sein „langjähriges herausragendes Wirken auf dem Gebiet der Bau- und Kunstdenkmalpflege“ der Friedrich-Lisch-Denkmalpreis 2023 des Landes Mecklenburg-Vorpommern verliehen. Regelmäßig pendle ich zwischen Berlin und der Insel Hiddensee und investiere viel Zeit und Geld in unser Museum. Den Grundstock legte der Verkauf einer Wohnung, die ich monatelang sanieren und wertsteigernd verkaufen konnte.

Durch die Verdienste bei den Ausstellungen mit Werken von Eggert Gustavs, Matt Lamb und Amanda Lear im Königlichen Kunstzirkel Barcelona wurde ich im April 2014 ehrenhalber zum Ritter des Fürstentums Katalonien (Estament de Cavallers nobles del Principat de Catalunya) geschlagen. Bei der Zeremonie begleitete mich mein spanischer Cousin Juan Pedro, der bereits einen Rittergrad trug – wir lernten uns erst 2010 kennen und haben dieselbe Ur-Ur-Großmutter.

Soweit die erste Hälfte meines Lebens. Ich danke allen, die mich geliebt, begleitet und gefördert haben. Heute mit 53 Jahren – 35 Jahre nach der deutschen Wiedervereinigung – schaue ich gerne zurück und zuversichtlich in die Zukunft. Es könnte so einfach sein, wenn alle Menschen friedlich miteinander leben würden.

Es bleibt spannend, was da noch kommt.

Kommunale Sozialpolitik im Zeichen der Wiedervereinigung

Bernd Kröber

Was niemand für möglich hielt

Von der Öffnung der innerdeutschen Grenze hörte ich, als das SED-Politbüro-Mitglied Schabowski die berühmt gewordenen Worte aussprach: „Das tritt nach meiner Kenntnis ... ist das sofort – unverzüglich." Das ließ ich mir nicht zweimal sagen. Schon am darauffolgenden Sonntag fuhr ich mit meiner Frau und meinem Sohn mit dem Auto nach Bayreuth. Hinter der Grenze bildete sich eine Riesenschlange. Es schien aussichtslos, noch an diesem Tag in die angesteuerte Stadt zu kommen. Da hörte ich, wie ein Notarztwagen an mir vorbeifuhr. Dem schloss ich mich dreist an und erreichte dann doch noch mein Ziel.

Mit den 300 DM Begrüßungsgeld, das wir vor Ort erhalten hatten, ließ sich einiges anfangen. Wir nahmen es dankbar an. Außerdem hatte ich einiges Westgeld angespart, das ich von meinem in Westdeutschland lebenden Onkel zu bestimmten Feiertagen bekommen hatte. So konnten wir gezielt einige Einkäufe tätigen. Das war nicht nur Konsum. Es war erlebte Einheit und Freiheit.

Ein Leben im sozialistischen Deutschland

Mein Leben in der DDR war bescheiden, aber doch von vielen Möglichkeiten geprägt. Ich war nie Mitglied der Sozialistischen Einheitspartei (SED), konnte aber in dem bestehenden System meinen Weg finden.

Geboren bin ich in dem kleinen Ort Runsdorf in der Nähe von Altenburg in Thüringen. Mein Vater betrieb dort eine Schmiedewerkstatt. Als ich vier Jahre alt war, starb meine Mutter. Meine Großmutter nahm mich in ihre Obhut. Mein Vater heiratete später wieder und übersiedelte, was im Jahr 1957 noch möglich war, mit seiner neuen Frau nach Westdeutschland. Ich blieb zurück und war von da an weitgehend auf mich selbst gestellt.

Ich war ein guter Schüler und meine Großmutter und die verbliebenen Verwandten gaben mir viele Anregungen. Nach dem Schulabschluss ließ ich mich zum Elektromonteur ausbilden. Facharbeiter wurden in der DDR dringend gebraucht. Schon bald stieg ich über eine ökonomische Funktion in die Pädagogik der Berufsausbildung im Chemieanlagenbau an der Betriebsberufsschule im ostthüringischen Meuselwitz ein.

Gezielt bemühte ich mich um Fortbildungsmöglichkeiten. Also nahm ich gerne das Angebot der in der DDR bestehenden Arbeiter- und Bauernfakultäten (ABF) an. Es handelte sich hier um die ABF in Freiberg in Sachsen. Daran schloss sich ein Studium an der Ingenieurhochschule Zwickau mit dem Abschluss Wirtschaftsingenieur an.

Im Auftrag meiner Berufsschule konnte ich später zwei weitere Ausbildungen anschließen, ein Fernstudium zum Ingenieurpädagogen in Zwickau und ein Direktstudium der Berufspädagogik an der Humboldt-Universität zu Berlin.

Arbeiten an der Basis – Kommunale Sozialpolitik

Nach der Wende wurde die Betriebsberufsschule aufgelöst und mir die Verantwortung für die Berufsausbildung an der Industrie- und

Handelskammer Leipzig, Außenstelle Altenburg, übertragen. Wenig später las ich eine Ausschreibung, in welcher der Landkreis Hettstedt in Sachsen-Anhalt einen Sozialdezernenten suchte.

Es begann eine sehr arbeitsintensive Zeit. Zuständig war ich für das Jugend-, das Sozial, das Schulverwaltungsamt sowie für das Veterinäramt und das Kreiskrankenhaus. Alles musste neu aufgebaut und strukturiert werden. Es fehlte an Logistik und Geld. Meine Kollegen aus den benachbarten Kreisen und ich waren oft in Arbeitsgruppen bemüht, Lösungen zu erarbeiten.

Da war es wohltuend, dass in Sachsen-Anhalt mit Werner Schreiber ein Mann Sozialminister wurde, der mit hohem Sachverstand, Mut und Durchsetzungsvermögen den Aufbau der sozialen Infrastruktur im Land vorantrieb. Wichtig war auch, dass er für den sozialen Frieden sorgte, indem z. B. das Land die Personalkosten für die Kitas absicherte. Später setzte der Sozialminister gegen den Widerstand in der eigenen Regierung, insbesondere des Finanzministers, die Verabschiedung des ersten Kindertagesstättengesetzes der Bundesrepublik Deutschland mit einem Rechtsanspruch auf einen Platz in der Kita durch.

Die Bausubstanz der sozialen Einrichtungen, wie Krankenhäuser, Alten,- und Seniorenheime wie auch die Kindergärten war nicht mehr gut. Es galt, Pläne zu entwickeln, um die Einrichtungen zu sanieren, und zwar nach neuesten Erkenntnissen. Gegebenenfalls musste man über Neubaupläne nachdenken. In dieser Phase, so kann ich mich dankbar erinnern, arbeiteten wir eng und vertrauensvoll mit den Fachabteilungen des Sozialministeriums zusammen. Dabei ging es letztendlich um die Finanzierung der gesamten sozialen Infrastruktur der Landkreise.

Mit der Schaffung der Wirtschafts- und Sozialunion und der Einführung der D-Mark entstand zusätzlicher Druck auf die Betriebe in den neuen Bundesländern. Sie mussten umstrukturiert und ausgerichtet werden auf den Wettbewerb im vereinten Deutschland.

In dieser Phase, von der Treuhand mal gut, mal weniger gut begleitet, war es für Städte, Gemeinden und Landkreise eine große Hilfe, dass mit Arbeitsbeschaffungsmaßnahmen, gefördert und zeitweise imitiert von unserem Arbeits- und Sozialministerium und der Bundesanstalt für Arbeit Arbeitsplätze geschaffen und so der Einbruch auf dem Arbeitsmarkt abgemildert werden konnte. Diese Maßnahmen bildeten eine Brücke für einen sich entwickelnden stabilen Arbeitsmarkt mit wettbewerbsfähigen Firmen und Betrieben. Zur Wahrheit gehört jedoch auch: Es war ein langer Weg, und viele Arbeitnehmer gingen entweder in den Vorruhestand oder landeten zumindest vorübergehend in der Arbeitslosigkeit oder in Qualifizierungsmaßnahmen.

Der Landkreis Hettstedt nahm eine Partnerschaft mit dem bayerischen Landkreis Neu-Ulm auf und in Vertretung meines Landrates wurde ich dorthin entsandt, um an der Einweihung eines Krankenhauses teilzunehmen. Viel Prominenz, u.a. auch der Landeshauptmann von Südtirol, hatte sich eingefunden. Es war meine erste Verpflichtung dieserart, und entsprechend war ich ein wenig nervös und schüchtern. Als dann am Tisch Weißwürste serviert wurden, sagte der mir gegenübersitzende bayerische Sozialminister: „Jetzt zeigt's dem Preiß mal, wie man in Bayern die Weißwürst' aufschneidet." Die Anwesenden lächelten.

Kurz danach begann es zu regnen, und plötzlich gab es einen lauten Knall und folgend einen Totalausfall der elektrischen Anlage. Große allgemeine Verlegenheit, doch mir als gelerntem Elektriker war die Ursache klar. Die Anlage war überlastet und zudem durch den Regen einige Steckdosen durchnässt worden. Ich stand auf und konnte den Schaden beheben. So konnte der „Preiß" den bayerischen Partnern zeigen, dass man auch in den neuen Bundesländern mit vielen Problemen umzugehen wusste.

Schmerzlich traf mich und meine Kollegen der unerwartete Rücktritt der Landesregierung von Sachsen-Anhalt und insbesondere des Sozialministers. Der damalige Chef des Landesrechnungshofs, der selbst gern Minister geworden wäre, hatte den Kabinettsmitgliedern vorgeworfen, sich eigenmächtig ihre Gehälter festgelegt zu haben. Die Öffentlichkeit reagierte empört. Ich bekam es unmittelbar mit, denn gerade zu diesem Zeitpunkt begleitete ich den damaligen Oppositionsführer Reinhard Höppner bei einer Kreisbereisung. Wir saßen zusammen im selben Amt, und so konnte ich mithören, wie er mit Pressevertretern und Politikern telefonierte und die öffentliche Empörung schürte.

Mit Genugtuung konnte ich später feststellen, dass „mein" Sozialminister wie auch andere Kabinettsmitglieder vom zuständigen Gericht zu hundert Prozent von den Vorwürfen freigesprochen wurden.

Die neue Aufgabe

Nach einer Kreisgebietsreform im Jahr 1994 wurde der Landkreis Hettstedt aufgelöst und mit dem Landkreis Eisleben zum Landkreis Mansfelder Land zusammengeschlossen. Ich verließ nach einiger Zeit meine Dezernentenstelle und bekam als neue Aufgabe die Leitung des Kreiskrankenhauses in Eisleben übertragen. Auch dies war eine Pionieraufgabe, denn das Krankenhaus war marode und musste von Grund auf saniert und neugestaltet werden. Ich musste lernen, Pflegesatzverhandlungen zu führen. Dazu sicherte ich mir die Beratung durch einen aus Halle stammenden versierten Fachmann, der damals der halbstaatlichen Firma „Treuarbeit" angehörte, was sich als sehr erfolgreich herausstellte.

Eine neue Perspektive

Bei meiner Tätigkeit als Sozialdezernent war ich mit vielen Trägergesellschaften der Wohlfahrtspflege in Kontakt gekommen, so auch mit der gemeinnützigen neu gegründeten Gesellschaft „Trägerwerk Soziale Dienste in Sachsen-Anhalt“. Dort wurde ich ehrenamtliches Vorstandsmitglied. Mir gefielen vor allem die auf den Sozialphilosophen Nell-Breuning zurückgehenden Leitlinien dieser Gesellschaft und ihre innovative und kreative Arbeit. Deshalb nahm ich nach meiner Pensionierung auch das Angebot an, in die Geschäftsführung der Gesellschaft einzusteigen.

Überrascht war ich, als ich in ihrem Aufsichtsrat wieder meinen Ex-Sozialminister und meinen Pflegesatzberater von der Treuarbeit antraf. Das zeigte mir, dass sich dort engagierte und fachkundige Leute zusammengefunden hatten. Mit meiner Erfahrung in der Alten- und Krankenpflege konnte dann auch ich zum Erfolg dieser Gesellschaft beitragen.

So kam es, dass ich 2018 zum stellvertretenden Vorsitzenden der Trägerwerks-Gruppe gewählt wurde. Die Arbeit ist vielfältig und anstrengend, aber gerade in wirtschaftlich und sozial schwierigen Zeiten wie den heutigen ist jedes fachkundige Engagement gefragt. Deshalb habe ich auch meine einstimmige Wiederwahl durch den Aufsichtsrat bereitwillig angenommen und mir noch eine Reihe von Zielen gesteckt.

Die Teilung Deutschlands: für mich das Unnormalste und ein geschichtliches Unrecht

Dr. Frank Michael Pietzsch

35 Jahre leben wir unterdessen in einem wiedervereinten Vaterland. Ist das ein Grund eines feierlichen Gedenkens? „35 Jahre – das ist doch schon eine Ewigkeit", sagen die einen. „35 Jahre – das ist doch ein Geschehen von gerade erst gestern", sagen die anderen. Wer hat denn nun Recht? Beide, sage ich. Es kommt auf den Blickwinkel und auf das Alter an. Aber wichtig ist für jedes Alter und jeden Blickwinkel, dass wir dankbar und stolz sein dürfen auf das, was in dieser Zeit geschaffen wurde und – dass wir es miterleben durften. Der 3. Oktober 1990 ist sicher einer der glücklichsten Tage für Deutschland in dem nicht immer glücklichen 20. Jahrhundert.

Die Betrachtungsweise ist sicher bei den Einzelnen sehr unterschiedlich. Aber eines sollten wir uns immer wieder vor Augen führen, ganz egal, wer wir sind und aus welchem Lebensalter wir das Geschehen betrachten; die Deutsche Einheit, die Ereignisse von 1989/1990 sind ein Glücksfall für unser Volk und ein Wunder in der Geschichte.

Der 3. Oktober war der Kulminationspunkt zur Wiedervereinigung, aber solch ein i-Punkt der Geschichte hat eine Vorgeschichte und eine lange Umsetzungsperiode im Nachgang. Wer sich nur an einem markanten Höhepunkt der Geschichte orientiert, hat Geschichte nicht in ihrer zeitlich andauernden Dimension verstanden. Übrigens: Auch der, der dieses Ereignis in Einzelteile zu zerlegen versucht, um darin die rationale Dimension dieses Wunders zu ergründen, versteht das, was geschehen ist, nicht in seiner ganzen Größe.

Es gibt immer ein „Davor“ und ein „Danach“ – Zeiten, die einer langen Aufarbeitung und Nacharbeit bedürfen, Zeiten, die uns auf den Höhepunkt zu führen, und Phasen, die für die Umsetzung der Ereignisse gebraucht werden und schwierig zu bearbeiten sind; auch Zeiten, in denen der Schwung des Handelns nachlassen kann, in denen wie im Alten Testament beschrieben „nach den Fleischtöpfen Ägyptens“ gerufen wird, und in denen die Fortschritte der Umsetzung der Projekte nur in kleinen Schritten erfolgen können.

Ich werde versuchen, die Ereignisse auf dem Weg zur deutschen Einheit an meinem eigenen ganz persönlichen Erleben aufzuzeigen. Dabei erhebe ich nicht den Anspruch auf Vollständigkeit. Jeder hat diese Zeit anders erlebt, aber jeder könnte daraus ganze Romane schreiben und würde hinterher feststellen, dass man dieses oder jenes wichtige Ereignis doch wieder unvollständig berichtet hat.

Die Anfänge in der Politik

Ich beginne mit meinem Leben etwa in dem Jahr 1988. Ich war zu dieser Zeit Oberarzt an einer renommierten herzchirurgischen Klinik der DDR in Bad Berka. Seit 1975 war ich Mitglied der Ost-CDU, sehr wohl wissend, dass ich an dem von mir zutiefst ungeliebten Staat in absehbarer Zeit kaum etwas ändern kann. Meine Hoffnung, so wie bei vielen Menschen in diesem Staat, bestand darin, dass in Anlehnung an den „großen Bruder“ und in Analogie zu Michail Gorbatschow in der Sowjetunion eventuell kleine Reformen auch in der DDR eingeführt werden könnten.

An umfassende demokratische Reformen – oder gar die deutsche Einheit – war zu diesem Zeitpunkt nicht zu denken. Mit dem Blick auf die Entwicklung in der Sowjetunion unter Gorbatschow wurde zumindest etwas freier in Kollegenkreisen und privaten Zirkeln diskutiert.

Für den Mai 1989 standen Kommunalwahlen an. Wahlen im demokratischen Sinn hatte es ja seit den 1950er Jahren nicht gegeben, und das war auch in dieser Zeit bis 1989 nicht mehr nötig. Dem Volk war in den zurückliegenden 1950er und 1960er Jahren bereits das Genick gebrochen worden. Man ging nicht mehr das Risiko ein, die Wahlkabine aufzusuchen und sich damit verdächtig zu machen, gegen die „Kandidaten der Nationalen Front“ gestimmt zu haben. „Zettel falten“ war der übliche Begriff für diese manipulierten Wahlen.

Aus der allgemeinen Stimmung und aus Gesprächen im Freundeskreis hatte ich die Überzeugung entwickelt, dass bei der Kommunalwahl im Mai 1989 etwa mit einer Ablehnung von zehn Prozent gerechnet werden könnte. Ich war am Wahlabend zur öffentlichen Auszählung in unserem Wahlbezirk gegangen und stellte fest, dass ich mit meiner Prognose nicht schlecht liegen könnte. Es gab zirka zehn Prozent Gegenstimmen in dem Wahllokal.

Als ich dann nach Hause kam, empfing mich meine Frau mit dem offiziellen Wahlergebnis aus dem Fernsehen: Wahlbeteiligung 98,77 Prozent, gültige Stimmen 99,91 Prozent und Ja-Stimmen 99,4 Prozent. Wie ich später erfahren habe, lag der Wahlbetrug nicht in den einzelnen Wahllokalen, sondern bei der Zusammenführung der Ergebnisse im Rathaus. Auf diese Weise konnte man den Wahlbetrug auch nicht durch Beobachtung eines einzelnen Wahllokals nachweisen, sondern nur durch eine organisierte Zusammenführung der Ergebnisse in mehreren Wahllokalen. Bei der Feststellung, dass man bei diesen Wahlen nicht einmal bereit war, eine Ablehnung von zehn Prozent zu akzeptieren, war für mich auch klar, dass dieses Regime zu Reformen nicht fähig sein würde. Vielleicht sollten wir den Spitzengenossen sogar dankbar sein, dass sie so verbohrt waren. Dieser Wahlbetrug war quasi das Zünglein an der Waage, das das Fass zum Überlaufen brachte.

Kleine Reförmchen oder friedliche Revolution

Von Stund' an nahm die Zahl der Ausreiseanträge zu. Auch wir in der Familie sahen keinen Ausweg außer Ausreise oder Flucht. Neben der Zunahme der Ausreiseanträge versuchten auch immer mehr Bürger die Flucht über Ungarn, Polen Tschechoslowakei und die bundesdeutschen Botschaften in Prag, Warschau und Budapest. Symbolträchtig die Tage um den 27. September 1990 in der Prager Botschaft mit den erlösenden Worten von Bundesaußenminister Hans-Dietrich Genscher am 30.9.: „... dass Ihrer Ausreise ..." der Rest ging im Jubel der Flüchtlinge unter.

Trotz dieser hoffnungslosen Situation im Inneren des Landes entwickelte sich ein mehr und mehr revolutionärer Widerstand mit Gründung von Bürgerbewegungen, neuen Parteien und auch Forderungen nach kleinen „Reförmchen" durch Blockparteien, die aber eher als Randnotizen gewertet werden konnten. Zu solchen Randnotizen war offensichtlich die CDU-Ost nicht einmal in der Lage, wenn es auch in einzelnen Kreisverbänden sehr klare Forderungen gab und auch der Brief von Weimar mit den Protagonisten Dr. Gottfried Müller und Christine Lieberknecht unterdessen unter die Menschen kam und Aufsehen erregte – aber nicht über die offizielle CDU-Landeszeitung.

Eine revolutionäre Stimmung und Forderungen zu Reformen kamen in der CDU nur aus den Kreisverbänden, ohne eine gewisse Führung von den oberen Chargen.

Auch in meinem Ortsverband in Bad Berka wurde über Reformen diskutiert, aber nicht wirklich Konsequenzen gezogen. Im Raum der evangelischen Kirchengemeinde mit dem damaligen Pfarrer Reinhard Werneburg gab es Anfang Oktober einen Gemeindeabend unter dem Motto „Wir bleiben – warum?“ Ja, wir wollten unterdessen bleiben in dem Staat DDR, um hier Reformen erreichen zu können. Und so wurde an dem Abend vereinbart, einen Forderungskatalog zu erarbeiten, der dann auf einem nächsten Gemeindeabend vorgestellt werden sollte.

Mit Gleichgesinnten, auch Parteimitgliedern, Freunden aus dem beruflichen und kirchlichen Umfeld wurden dann diese Forderungen zusammengetragen. Von der Spitze unserer Partei auf Kreis- oder Landesebene kam keine Unterstützung, eher Ablehnungen und Ergebenheitserklärungen gegenüber der SED.

In einer bis auf den letzten Platz gefüllten Kirche wurden dann Ende Oktober 1989 im Rahmen einer Bürgerversammlung die Forderungen an die Kreisverwaltung, die SED-Kreisleitung und den Bürgermeister zur Kenntnis gegeben und dazu Unterschriften gesammelt. Die staatlichen Stellen wurden mit diesen Forderungen aufgefordert, auf einer weiteren Bürgerversammlung dazu Stellung zu nehmen.

Unabhängig von diesen Versammlungen haben meine Frau und ich gemeinsam mit Freunden keine Möglichkeit ausgelassen, uns über schriftliche Informationen oder Veranstaltungen in Weimar oder Erfurt zu informieren. Schriftliche Informationen waren Durchschläge von Schreibmaschinenblättern, keine gedruckten Informationsbroschüren. Kopiergeräte oder Druckmaschinen gab es natürlich nicht, dafür hatten schon die Genossen gesorgt. Und wenn man etwas kopierte, wie wir bei unserem Forderungskatalog, dann musste schon eine Sekretärin das Risiko auf sich nehmen, dass sie erwischt wird, das Gerät der staatlichen Institution missbraucht zu haben, um „konterrevolutionäres Material“ zu vervielfältigen. Und die Folgen wären sicher gravierend gewesen.

Wenn ich das heute so locker schreibe, dann muss ich doch erinnern, dass dies alles noch in einer Zeit geschah, in der Veranstaltungen, Erarbeitung von Stellungnahmen usw. unter scharfer Beobachtung der staatlichen Stellen, besser gesagt, der Stasi, standen. Man wusste nie, ob man von der einen oder anderen Veranstaltung auch unbehelligt oder überhaupt wieder zu Hause ankommen würde.

Bei all diesen Aktivitäten und Informationen habe ich damals nach einer neuen politischen Gliederung gesucht, die mir eher eine Heimat hätte sein können als die Ost-CDU. Dass ich damals nicht aus der Partei ausgetreten bin, lag vor allem daran, dass ich keine Zeit hatte, eine Austrittserklärung zu schreiben. Man war in die Arbeit für eine neue Politik schon viel zu eingebunden. Aber ich habe auch keine Partei oder Gruppierung gefunden, die für mich neue Heimat hätte sein können. Das „Neue Forum“ war mir zu unverbindlich und schwammig in den Aussagen zur Zukunft, zu anderen Gruppierungen hatte man keinen persönlichen Zugang, und die SDP war mir zu sozialistisch. So blieb ich etwas notgedrungen bei der CDU.

Wenn ich auch versuchte, Anschluss an zukunftsfähige Parteien oder Gruppierungen zu bekommen, so war doch mein politisches Handeln immer nur auf eine temporäre Aktivität gerichtet, das verhasste SED-Regime zu beseitigen oder zumindest zu verändern. Strategische Überlegungen zu politischer Arbeit nach Erreichung dieses Ziels hatte ich wahrscheinlich nicht. Ich war ja noch immer tätiger Arzt an einer Klinik mit Bereitschaftsdiensten und regelmäßiger Arbeitszeit.

Neue Wege, wichtige Aufgaben

Eine neue Dimension bekamen wahrscheinlich meine Aktivitäten mit dem Fall der Mauer am 9. November 1989. Die Teilung Deutschlands, die ich immer für das Unnormalste und ein geschichtliches Unrecht ansah, konnte nun eigentlich nicht mehr für längere Zeit aufrechterhalten werden.

Damit waren auch unsere Vorstellungen von einer eventuellen Flucht in den Westen überholt und man konnte seine ganze Kraft in ein neues Ziel stecken – Demokratie auf dem Boden der DDR, CDU als freie und demokratische Partei und baldige Wiedervereinigung Deutschlands. Diese drei Ziele offen auszusprechen, war dennoch ein gewisses Wagnis, denn man rüttelte an den Grundfesten des DDR-Staates. So konnte man sich zumindest verbal nicht ganz von dem Begriff des Sozialismus, der Führungsrolle der SED und dem Fortbestehen der DDR verabschieden. Aus langjährigen Erfahrungen mit der DDR-Obrigkeit war es sinnvoll, bei allen Forderungen noch einen Rückzugsraum zu haben, auch wenn das neu gewachsene Selbstbewusstsein von Tag zu Tag zunahm. Dass uns in der DDR dieses eigentlich selbstverständliche Selbstbewusstsein über Jahrzehnte vom Kindergarten bis zur Bahre ausgetrieben wurde, können Menschen aus dem Westen unseres Landes, und erst recht junge Menschen, nicht verstehen.

Meine Aktivitäten innerhalb des Ortsverbands der CDU, gemeinsam mit der Kirchengemeinde und politisch gleichgesinnten Freunden, brachten mir den Ruf ein, ein Vertreter für neues politisches Denken zu sein. So wurde ich Anfang Dezember völlig überraschend von meinem Ortsverband aufgefordert, unseren Ort bei einer Versammlung des Kreisverbands der CDU in Weimar zu vertreten – nicht einmal wissend, was ich dort eigentlich sollte. Ich hatte an dem Tag ärztlichen Bereitschaftsdienst in meiner Klinik, bei dem mich aber für zwei Stunden ein guter Freund und Kollege vertreten wollte.

Auf der CDU-Versammlung in Weimar wurde dann sehr viel geredet und unendlich diskutiert, wie es nach den Jahren des Schweigens durchaus gut und üblich war. Man bekam dann langsam den Eindruck, dass es um einen Parteitag der CDU in Berlin ginge, und dass dazu Vertreter auch aus Weimar benannt werden sollten. Nach immerhin drei Stunden meldete ich mich dann zu Wort und sagte, dass ich noch Bereitschaftsdienst habe und nun den Eindruck gewonnen hätte, dass auf der Versammlung Delegierte zu diesem Parteitag nominiert werden sollten. Meine Meinung zu der gegenwärtigen Situation und zur Zukunft sei, dass die CDU eine ganz eigenständige demokratische Partei werden solle, dass wir die Führungsrolle der SED und das Ziel des Sozialismus ab sofort nicht mehr anerkennen und dass ich die Einheit Deutschlands lieber heute als morgen sehen würde. Wenn man mich mit diesen Zielen als Delegierten wählen würde, wäre ich gern bereit am 16. Dezember zum Parteitag nach Berlin zu fahren. Damit verschwand ich zu meinem Dienst in der Klinik. Gegen 21 Uhr überbrachten mir dann die weiteren Mitglieder meines Ortsverbands die Nachricht, dass ich für den Parteitag nominiert sei.

Dieser Tag war mehr oder minder für mich der Einstieg in die Politik und damit eine Zäsur für mein weiteres Leben, nachdem ich mir zuvor geschworen hatte, nicht über den Tag hinaus politisch aktiv werden zu wollen und nur noch für meine Patienten da zu sein. Prinzipiell habe ich das auch bis zum Ende meines Arbeitslebens durchgehalten, wenn auch in einem etwas anderen Sinn.

Als späterer Sozial- und Gesundheitsminister war ich auch dann für Patienten zuständig, die aber manchmal weniger unter einer Krankheit, wohl aber unter politischen Entscheidungen zu leiden hatten. Und gerade auch nach der friedlichen Revolution war manche Entscheidung eine bittere Pille.

Nach dem Sonderparteitag der CDU am 15./16. Dezember 1989 war ich plötzlich als Ansprechpartner beim Kreisverband der CDU gefragt. Am 21. Januar 1990 war dann der Gründungsparteitag der CDU Thüringen, auf dem ich allerdings ähnlich wie auf dem Sonderparteitag in Berlin feststellte, dass das Interesse der West-CDU an uns Blockflöten aus dem Osten durchaus begrenzt war. Helmut Kohl kam nicht zum Sonderparteitag; und später zur Gründung des CDU-Landesverbands Thüringen war der höchste offizielle Repräsentant Bernhard Worms, der damalige Fraktionsvorsitzende der Landtagsfraktion in Nordrhein-Westfalen.

Unterdessen, mit etwas mehr politischem Fingerspitzengefühl, ist mir neben den Animositäten gegenüber der Ost-CDU natürlich auch klar, dass eine Teilnahme von z. B. Helmut Kohl zur damaligen Zeit auf einem Parteitag der Ost-CDU ein unmögliches politisches Zeichen gewesen wäre. Wir hatten gerade unsere Eigenständigkeit erkämpft, da wäre es sicher nicht gut gewesen, diese Eigenständigkeit so demonstrativ schon wieder abzugeben. Das Geschrei der ewig gestrigen Übernahmeschreihälse zur deutschen Einheit wäre noch lauter. Immer wieder wird auch heute noch das Lied davon gesungen, dass die DDR ein starkes Industrieland war und unsere Betriebe nur von der Treuhand kaputtgemacht wurden. Verschwörungstheorien geistern immer wieder durch das Land und verfangen auch mitunter bei den Extremen von rechts und links.

Persönlich hätte ich nichts gegen eine Übernahme einzuwenden gehabt, wenn auch damals und in den folgenden Wochen und Monaten viele noch glaubten, wir könnten zwischen Ost und West erfolgreich einen dritten Weg gehen, der uns dann aber sicher nicht zum erfolgreichen Ziel geführt hätte.

Aber nun wieder zurück zu meinem Weg in die Politik, nicht um von meinen „Erfolgen“ zu berichten, sondern um aufzuzeigen, mit welchen Voraussetzungen wir an die Aufgabe gegangen sind, dieses Land aus einem politischen, wirtschaftlichen und geistigen Abgrund wieder in die Reihe demokratischer und freier Länder zu führen.

Vom Kreisvorsitz zum Sozialminister

Auf einem Kreisparteitag im Februar 1990 musste ein neuer Vorsitzender gewählt werden, denn der alte war untragbar wegen seiner Vergangenheit. Der fachlich qualifizierte ehemalige CDU-Oberbürgermeister von Weimar war zwischenzeitlich Bauminister unter dem PDS-Ministerpräsidenten Modrow gewesen und nach unseren Erkenntnissen nicht unbeteiligt an der Wahlfälschung vom Mai 1989. Für mich kam zwar eine Mitarbeit im Vorstand der CDU des Kreises in Betracht, aber nicht der Posten eines Kreisvorsitzenden – das hatte ich meiner Frau hoch und heilig versprochen.

Es gab auch drei Kandidaten, die vom noch im Amt befindlichen alten Kreisvorstand aufgestellt waren und die auch das Amt gern übernehmen wollten. Aber … Bei der Vorstellung zur Wahl gab es bei zwei Kandidaten keinen Zweifel, dass sie bei allem guten Willen völlig ungeeignet waren. Der dritte Kandidat machte einen guten Eindruck bis zu dem Augenblick, als er gefragt wurde: „Stimmt es, dass sie bis vor drei Monaten noch Mitglied in der SED waren?“ Ja, es stimmte. Damit fiel auch dieser Kandidat aus. Nun ging ein Sturm auf mich los, bis hin zu dem freundlichen Angebot einer Anwältin, mich zu vertreten, wenn meine Frau sich von mir scheiden ließe. Ich musste zwar dieses Angebot nicht in Anspruch nehmen, aber einen längeren Kampf mit mir und später mit meiner Frau musste ich doch bestehen.

Nun war ich Kreisvorsitzender einer Partei, ohne zu wissen, wie und was man da eigentlich zu tun hat. Die Versammlung mit der Wahl war auch nicht, wie ich vorher prognostiziert hatte, gegen Mittag, sondern erst gegen 18 Uhr zu Ende. Draußen auf dem Theaterplatz in Weimar war noch eine Gruppe von Wahlhelfern für die bevorstehende Volkskammerwahl am 18. März zu verabschieden und mit einem Dank zu entlassen. Leiter der Frankfurter Wahlhelfer war der damalige hessische Sozialminister Heinrich Trageser. Den Namen hatte ich noch nie gehört, und was ein Sozialminister zu tun hat, wusste ich natürlich auch nicht. Wir verstanden uns aber auf Anhieb, und er hat mir dann später, als ich Sozialminister in Thüringen wurde, sehr hilfreich unter die Arme gegriffen.

Am Tage nach meiner Wahl und dem Zusammentreffen mit den Wahlhelfern erwartete ich, dass die CDU-Landeszeitung über das Geschehen berichten würden. Da ich noch am Abend der Wahl in den lange geplanten Winterurlaub aufgebrochen war, verschickte ich am nächsten Tag per „Fernschreiber" eine kurze Information. Fernschreiber war in der damaligen Zeit ein Gerät, das eigentlich nur in öffentlichen Ämtern oder in größeren Betrieben zur Verfügung stand, um Schriftstücke relativ rasch zu versenden. Als ich nach zirka einer Woche die Zeitung las, stellte ich fest, dass meine mühsam erbrachte Information nicht veröffentlicht worden war. Auf meine etwas überraschte Anfrage in der Redaktion wurde mir dann mitgeteilt, dass man nicht mehr Parteizeitung sei und nun selbst entscheide, was wichtig erscheint. Wir hatten noch einen langen Weg des Lernens vor uns.

Die oben erwähnte Wahlkampfunterstützung aus Frankfurt haben wir dann bis zum 18. März noch mehrmals in Anspruch nehmen können. In diesem Zusammenhang habe ich damals neben Heinrich Trageser auch die noch nicht in höheren Ämtern Tätigen

Volker Bouffier und Franz-Josef Jung kennenlernen dürfen. Nach einer der Wahlkampfhilfen trafen wir uns alle noch in der Kreisgeschäftsstelle, und die Leiterin der Frankfurter Wahlhelfer trat ganz vorsichtig an mich heran und fragte: „Was halten Sie davon? Können wir noch gemeinsam zum Abschluss das ‚Lied der Deutschen' singen?" Natürlich wollten und konnten wir.

Aber bevor wir „Einigkeit und Recht und Freiheit" anstimmten, haben wir erst einmal alle Fenster weit geöffnet, damit uns auch die Menschen auf der Straße hören konnten. Eine sicher relativ unbedeutende Situation, aber mir wird sie immer in dankbarer Erinnerung bleiben.

Die Volkskammerwahl am 18. März 1990 war dann das wichtigste politische Ereignis, was zu einer Konsolidierung auf dem Wege zu Demokratie, sozialer Marktwirtschaft und deutscher Einheit wurde. Bis dahin gab es noch viele Unsicherheiten zu der weiteren Entwicklung: Fluchtbewegung, Demonstrationen in Leipzig und anderswo, Rücktritt Honeckers, Wechsel der SED-Führung zu Krenz und Modrow, all dies waren zwar notwendige Schritte, aber doch nur Übergangsschritte (nicht immer nach vorn) in eine neue Zeit.

Die SED hatte mehr oder minder die Macht abgegeben, aber es gab noch genügend alte Machthaber bei Stasi, Partei, Polizei und Armee – auch mit Waffen, die eine zu beachtende Macht darstellten. Die DDR war noch immer russisches Besatzungsgebiet, und auch wenn Michail Gorbatschow sehr eindeutig das Sprichwort gebraucht hatte: „Wer zu spät kommt, den bestraft das Leben" – eine gewisse Unsicherheit war noch vorhanden.

Mit der Übernahme der Regierungsgeschäfte durch Lothar de Maizière konnte perspektivisch gedacht und gehandelt werden. Und das Handeln lief auf deutsche Einheit hinaus, auch wenn aus einigen Ecken dagegen Sperrfeuer und Bedenken gestreut wurden. Neben den Unsicherheiten eines eventuellen bewaffneten Widerstandes alter Strukturen fehlte uns aber auch genügend Verwaltungserfahrung, insbesondere in den mittleren und unteren Ebenen.

Ich vergleiche immer wieder unsere Situation von 1990 mit der Zeit des Wiederaufbaus nach dem Nationalsozialismus und dem Ende des Zweiten Weltkriegs. Damals 1945 konnte man in Deutschland West auf Politiker und Verwaltungsbeamte zurückgreifen, die schon einmal unter demokratischen Verhältnissen gearbeitet hatten. Leider hat man auch manchmal zu unkritisch auf NS-Beamte zurückgegriffen. Aber 1990 nach 60 Jahren Diktatur gab es auf dem Boden der ehemaligen DDR quasi keine Menschen im arbeitsfähigen Alter, die schon einmal Demokratie erlebt hatten.

Das war auch in den ersten Jahren nach der friedlichen Revolution noch immer ein mentales Problem. Die Sozialisation in einer Diktatur hinterlässt dauerhafte Schäden. Es gab in der Politik, auch in unseren Reihen, durchaus Menschen, die meinten, es gehe nun in etwa einfach so weiter wie bisher nur mit umgekehrten Vorzeichen. Also: Wir befehlen, wie der Rest zu laufen hat. Wir machen Gesetze, auch wenn uns Gerichte eventuell sagen werden, dass manches nicht geht, weil es gegen unsere Verfassung verstoßen würde. Besonders problematisch war der Umgang mit Verantwortungsträgern im Bereich Bildung, der Justiz, der Polizei und der Armee.

Der Ruf der Demonstranten in Leipzig am 20. November 1989: „Wir sind das Volk“ und dann kurze Zeit später „Wir sind ein Volk“, hatte schon den Willen der Mehrheit der Menschen zum Ausdruck gebracht, das Ziel auf ein geeintes Deutschland nicht aus dem Auge zu lassen. Helmut Kohl hatte dann in seinem Zehn-Punkte-Plan an diesem Ziel gearbeitet, ohne allerdings dem Versuch zu erliegen, der noch demokratisch zu wählenden Volkskammer und der dann legitimierten Regierung der DDR Vorgaben machen zu wollen.

Es war übrigens eine Zeit mit Strukturen, die einer rechtlichen Überprüfung nicht immer standgehalten hätten. Es wurde ein Zentraler Runder Tisch gebildet, dessen Beschlüsse umgesetzt wurden, obwohl eine demokratische Legitimation fehlte. Runde Tische wurden zum Teil auf Landesebene und auf verschiedenen kommunalen Ebenen geschaffen, die jedoch nicht rechenschaftspflichtig waren, aber mit ihren Beschlüssen sich den Bürgern verantwortlich fühlten und im Sinne einer Volksvertretung handelten.

Später arbeiteten in den Verwaltungsstuben Menschen, die guten Willens, aber nicht immer im Verwaltungsrecht ausreichend ausgebildet waren. In dieser Situation kamen uns, den Bürgern in dieser DDR, erst einmal Kreise und Städte mit ihrer Verwaltung aus den alten Bundesländern zu Hilfe. Später wurde auch eine regulierte Hilfe über das Kanzleramt organisiert, mit Zuordnung der Verwaltungshilfen zu den einzelnen Ländern. Für Thüringen wurden die Bundesländer Hessen, Rheinland-Pfalz und auch Bayern auserwählt. Am Anfang standen allerdings sehr unkoordinierte, zum Teil zufällige Partnerschaften zwischen Städten, die auch teilweise heute noch, und nicht nur auf Verwaltungsebene, Bestand haben.

Ich selbst habe mich lange gegen den Begriff der Städtepartnerschaft gewehrt, nicht gegen die Verwaltungshilfen und noch weniger gegen die Gemeinsamkeit deutscher Städte. Städtepartnerschaften zwischen deutschen Städten wurden auch zu DDR-Zeiten begrenzt abgeschlossen und sogar gefördert, mit dem Ziel der Untermauerung der These zweier souveräner deutscher Staaten. Die Intension von Städtepartnerschaften weltweit liegt eigentlich in der freundschaftlichen Verbindung von Städten unterschiedlicher Staaten. Genau das hätte eigentlich nicht zu unseren Intensionen von Städten in unserem nun wieder zu vereinigenden Vaterland gepasst. Da haben mir Patenschaften zwischen mehreren deutschen Städten besser gefallen. In meiner Stadt Bad Berka wurde eine Städtepartnerschaft dann mit Bad Dürkheim auch erst 2015 abgeschlossen, nach 25 Jahren der Hilfe und der Gemeinsamkeit in vielen Teilbereichen.

Unabhängig von meinen sprachlichen und emotionalen Vorbehalten gegen die Bezeichnung bin ich für die Hilfen aus den alten Bundesländern überaus dankbar. Sie können nicht hoch genug eingeschätzt werden. Wenn auch Verwaltungshilfen und Büroausstattungen häufig am Anfang dieser Verbindungen standen, unterdessen haben die Verbindungen die Bürgerschaft und das Vereinsleben erreicht oder sind auch eingeschlafen.

Am 6. Mai 1990 fand dann, wie vom Zentralen Runden Tisch noch vor der Volkskammerwahl festgelegt, die Kommunalwahl in Thüringen statt. Auch hier wieder ein rechtlich eher unklarer Begriff, denn das Ländereinführungsgesetz wurde von der Volkskammer erst am 22. Juli 1990 verabschiedet. Genau genommen bestanden also noch die drei Bezirke Gera, Erfurt und Suhl mit jeweils einem vom Ministerpräsidenten de Maiziere eingesetzten Regierungsbeauftragten. Diese Beauftragten hatten bis zur Gründung der Länder umfassende Staatsgewalt und Personalhoheit. Wenn auch die Wiedereinführung des Landes Thüringen erst mit dem Ländereinführungsgesetz und der Konstituierung des Landtages abgeschlossen werden konnte, so wurde doch vorher schon ein koordinierender Regierungsbeauftragter für die drei Thüringer Bezirke benannt, denn ein Beschluss der Volkskammer vom 17. Mai 1990 beendete die Existenz der Bezirke zum 31. Mai 1990.

Um bis zur Wahl des Landtages ein beschließendes Gremium zu haben, das auch zumindest eine gewisse Legitimation hätte, versuchte der evangelische Landesbischof Werner Leich bereits im April einen landesweiten Runden Tisch einzuberufen. Dieser Runde

Tisch kam allerdings nicht zustande, da auf Initiative der CDU nach der Volkskammerwahl und in seiner Zusammensetzung in Anlehnung an das Ergebnis dieser Wahl ein Gremium mit dem Namen „Politisch beratender Ausschuss" ins Leben gerufen wurde. Dieser Ausschuss hatte die Aufgabe, die Gründung des Landes Thüringen vorzubereiten. Beschlüsse dieses Gremiums hatten keine bindende Wirkung und durften nur empfehlenden Charakter für den im Oktober zu wählenden Landtag haben. Die Festlegung der Landtagswahl auf den 14. Oktober 1990 war durch das Ländereinführungsgesetz vom 22. Juli gegeben.

Die Monate zwischen der Volkskammerwahl im März 1990 und dem Tag der Deutschen Einheit am 3. Oktober waren eine Zeit, in der sich die Ereignisse überschlugen und unendliche Kraftanstrengungen erforderten. Trotz fehlender und zum Teil unterschiedlicher Strukturen musste eine Verwaltung aufgebaut werden und funktionieren. In dieser Zeit halfen uns Partnerkommunen, Partnerländer, Partnerparteistrukturen und Organisationen auf bürgerschaftlicher Ebene (Wohlfahrtsverbände, Selbsthilfeorganisationen, Feuerwehrverbände, Bildungswerke, Berufsverbände ...). Ein Aktionsprogramm Hessen-Thüringen mit einer finanziellen Unterstützung für den Wiederaufbau Thüringens war bereits im Februar 1990 vom hessischen Landtag beschlossen worden. Der Adressat war etwas unklar. Er hieß Thüringen, aber wieder einmal wurde deutlich, dass es ja eigentlich „Thüringen" noch nicht gab, und in so mancher Verwaltungsstube saßen noch die „alten Seilschaften", die nur allzu genau wussten, wer das Geld „am besten" gebrauchen könnte.

Am 6. Mai 1990 fand dann sozusagen als Regulierung zur Betrugswahl vom 7. Mai 1989 eine demokratische Kommunalwahl statt. Wenn auch, wie in meiner Stadt Bad Berka auf meinen Antrag im Stadtrat hin die Wahl vom Mai 1989 als Betrug und damit für ungültig erklärt wurde, so hatten doch die Mitglieder des Stadtrats erst einmal die Geschäfte übernommen. Dieser vorläufige Stadtrat wurde schon Anfang 1990 durch den Runden Tisch abgelöst, aber es gab sicher noch Orte, in denen ein illegitim gewählter Ortschaftsrat unter Vorbehalt die Geschäfte führte.

Gewählt wurden im Mai 1990 nicht unmittelbar die Landräte und Kreistage, sondern eben die Stadträte, die dann die Wahl zu Bürgermeistern und Landräten vornahmen. Eine Direktwahl von Landräten und Bürgermeistern wurde erst viel später durch den Landtag im Kommunalwahlgesetz festgelegt.

Es war nach der Kommunalwahl nicht immer einfach, geeignete Personen für die Positionen zu gewinnen. In einer so dramatischen Zeit seinen Arbeitsplatz zu wechseln, war schon ein Risiko, zumal kaum jemand sagen konnte, wie hoch auch das finanzielle Risiko sein könnte.

In der kreisfreien Stadt Weimar und im damaligen Landkreis Weimar (nicht identisch mit dem heutigen Landkreis Weimarer Land) waren die Mehrheitsverhältnisse so, dass Oberbürgermeister und Landrat von der CDU zu stellen waren, wenn auch die Mehrheitsverhältnisse nicht mehr so klar waren wie noch bei der Volkskammerwahl. Erfreulicherweise gab es in Weimar einen sehr respektablen und wirklich würdigen Professor der Hochschule für Architektur und Bauwesen, der aus ehrlichem Herzen heraus bereit war, dieses schwierige Amt zu übernehmen. Nicht hinreichend beachtet hatten wir wohl bei Wolfgang Hentzschel seine gesundheitlichen Grenzen und sein Alter, sodass schon nach nur zwei Monaten deutlich wurde, dass er körperlich überfordert war. Ich mache mir noch heute innerlich Vorwürfe, dies nicht im Voraus erkannt zu haben, denn seine Entscheidung zum Rücktritt bedeutete für ihn auch ein psychisches Trauma, das er schwer verwinden konnte.

Auf der Suche nach einem neuen Kandidaten für das Amt des Oberbürgermeisters kam ich erstmals, wenn auch nur telefonisch, über die Konrad-Adenauer-Stiftung mit unserem späteren Ministerpräsidenten Bernhard Vogel in Kontakt. Wir erinnerten uns dieses damaligen ersten Zusammentreffens am Telefon immer wieder gern.

Auf der Ebene des Landkreises ging es genau andersherum bei der Nominierung des Landrats. Es gab auch auf dieser Ebene Bewerber, die das Amt gern übernommen hätten, bei denen man allerdings hinter der Bewerbung allzu deutlich den eigenen Nutzen vermuten musste. Und der geeignete Kandidat Jürgen Peeß, der schon vor 1990 Verwaltungserfahrungen beim Rat des Kreises hatte, wollte erst nach längerem und sehr eindringlichem Zureden zur Wahl des Landrates antreten. Er hat dann das Amt mit viel Elan und Sachverstand zum Nutzen für den Landkreis geführt. Die erste Sanierung des Krankenhauses Blankenhain, der Umbau des Lehrlingswohnheimes in Tannroda zu einem Alten- und Pflegeheim oder auch die Erschließung der Gewerbegebiete Nohra und Legefeld sind nur einige Beispiele aus seiner Amtszeit.

Nach dieser Kommunalwahl vom Mai hatten wir nun – das Land Thüringen existierte ja noch immer nicht – oben die demokratisch gewählte Zentralregierung in Berlin, die die Regierungsbeauftragten für die Bezirke eingesetzt hatte, und unten die frei und demokratisch gewählten Landräte und Bürgermeister. Die Ebene dazwischen, also das Land, war ein mehr oder minder dunkles Loch. Der Regierungsbeauftragte des Bezirkes Erfurt Josef Duchac formulierte es einmal so: „Oben Regierung, unten kommunale Struktur und dazwischen nichts."

Es wurde auch deshalb gern von der „Landräterepublik" gesprochen, ich glaube auch mit einer gewissen Wertschätzung der Möglichkeiten der damaligen Landräte.

Der Sommer der Möglichkeiten

An Urlaub war in diesem Sommer natürlich nicht zu denken. Man hätte es auch nicht gewollt, denn die Zeit brachte so viel spannende Aufgaben, die gelöst werden mussten, die einen aber nicht nur anstrengten, sondern auch bei der Lösung Freude bereiteten. Man wusste wieder, wofür man sich einsetzt. Allerdings wurde auch bald deutlich – wir wussten, wogegen wir gemeinsam waren, aber nicht alle gesellschaftlichen Strömungen wussten, wohin sie wollten. In dieser Zeit war ich unterdessen heilfroh, in der CDU geblieben zu sein.

Man war inzwischen auch wieder froh, gewisse Richtungen von der Parteispitze zu bekommen, um sich daran orientieren zu können. Wir waren auch zufrieden, zusammenzustehen mit der CDU von Helmut Kohl, trotz aller Bedenken einzelner und nicht unbedeutender Protagonisten gegen uns aus der Ost-CDU.

Sicher, bei so manch einem schwirrten noch Vorstellungen des alten Zentralismus in den Köpfen. Wir hatten es ja mehr als 40 Jahre eingebläut bekommen. Gewisse Vorgaben von der Parteispitze oder dem Regierungsbeauftragten zu haben, bedeutete nicht, dass man nicht gleichzeitig auch ungebunden agieren konnte. So war nach der Eingliederung der Bauernpartei der DDR in die CDU von der Landes-CDU festgelegt worden, dass ein Direktmandat in Weimar für die Landtagswahl an ein CDU-Mitglied aus der ehemaligen Bauernpartei gehen sollte. Das haben wir in Weimar umgesetzt, aber nicht so, wie es die Landespartei wollte. Wir haben den Kandidaten selbst bestimmt, auch wenn der ehemalige Vorsitzende der Bauernpartei meinte, wir müssten ihn nominieren. Und noch etwas wurde verändert. Ich war als Kandidat für das Direktmandat in Weimar gewählt, hatte aber von Landwirtschaft und ländlichem Raum wenig Ahnung. Der von der Landes-CDU vorgesehene Kandidat für die Stadt

Weimar, unser späterer Landwirtschaftsminister Dr. Volker Sklenar, kannte die Probleme der Landwirtschaft und des ländlichen Raumes deutlich besser. Also einigten wir uns kurzerhand darauf, die Wahlkreise zu tauschen, was für immerhin mehrere Wahlperioden eine gute Entscheidung war. Wir brauchten dafür keine erneute Wahlversammlung oder ähnliche Regularien.

Der Wahlkampf selbst war weniger von großen Papiermengen und Werbemitteln als von Versammlungen und ganz persönlichen Gesprächen auf der Straße geprägt. Die Informationsveranstaltungen an den Abenden waren bestens besucht, und in ihnen wurde heiß diskutiert. Mit solchen Veranstaltungen können wir heute kaum noch jemanden erreichen. Es bestand damals ein gewaltiger Informationsbedarf.

An den Tag der deutschen Einheit am 3. Oktober kann ich mich nur hier in Bad Berka erinnern. Wir trafen uns am Nachmittag mit Freunden aus den Partnerstädten Bad Dürkheim und Bad Wildungen. Unser unterdessen ja fast ein halbes Jahr im Amt befindlicher Bürgermeister Klaus Lutterberg hatte seinen Mitarbeiter, den ehemaligen stellvertretenden Bürgermeister mit mit Parteibuch der SED beauftragt, noch einmal die DDR-Fahne am Balkon des Rathauses zu hissen, was dieser nicht machen wollte, weil er meinte, die Einwohner würden ihn als alte rote Socke beschimpfen. Gedacht war das Ganze aber nur, um dann um Mitternacht die DDR-Fahne gegen unsere bundesdeutsche Fahne auszutauschen.

Um Mitternacht waren dann viele Bürger auf dem Platz vor dem Rathaus versammelt und begrüßten das Einholen der DDR-Fahne und das Entrollen der bundesdeutschen Fahne mit dem „Lied der Deutschen“ und zum großen Teil mit Freudentränen in den Augen.

Der Abschlussakt der Wiedergründung auch des Landes – später des Freistaates – Thüringen war dann die Landtagswahl am

14. Oktober 1990. Der politisch beratende Ausschuss hatte seine letzte Sitzung schon am 21. September abgehalten. Bei dieser letzten Beratung hatte er noch einen Verfassungsentwurf, der wie alle Beschlüsse dieses Gremiums nur beratenden Charakter mit dem Adressaten „künftiger Landtag" haben konnte, „zur Kenntnis genommen". Dieser Verfassungsentwurf spielte bei der späteren Erarbeitung der Thüringer Verfassung keine Rolle mehr.

Die Landtagswahl mit einer Wahlbeteiligung, von der wir unterdessen nur noch träumen können, lag bei 70,5 Prozent. Die CDU siegte in der Wahl mit 45,4 Prozent der Stimmen, die SPD brachte es auf 22,8 Prozent, FDP und PDS lagen mit 9,3 und 9,7 Prozent etwa gleichauf. Damit war eine CDU-Regierung die wahrscheinlichste Lösung. Mit Bedauern stelle ich immer wieder fest, dass die Motoren der friedlichen Revolution entweder weitgehend unbedeutend geworden waren (Neues Forum, Bündnis 90, Demokratie jetzt) oder im Parteienspektrum der alten Länder aufgegangen waren.

Mit dieser Wahl vom 14. Oktober 1990 waren nun alle Ebenen der politischen Willensbildung demokratisch legitimiert, auch wenn sie noch nicht auf allen Ebenen demokratisch strukturiert waren. Die Schritte dahin sollten und mussten nun in Windeseile geschehen. Der erste Schritt war die Konstituierung des Landtages. Sie fand nach einem Gottesdienst in der Herderkirche am 25. Oktober im politisch und historisch prädisponierten Raum, dem Deutschen Nationaltheater in Weimar, statt. Unmittelbar vor der Konstituierung einigten sich CDU und FDP auf eine Koalition und die Bildung einer Regierung. Damit war noch keineswegs ein Personaltableau für diese Regierung aufgestellt. Einige der späteren Minister erfuhren erst unmittelbar nach der Konstituierung des Landtags von der Absicht des geplanten Ministerpräsidenten Josef Duchac, sie mit einem Ministerposten zu betrauen.

Auch bei der Konstituierung des Landtages lief nicht alles ganz nach Plan ab. Aber Improvisation und schnelle Entscheidungen waren Merkmale der damaligen Zeit.

Erfahrungen im Umgang mit parlamentarischen Gepflogenheiten hatten die neu gewählten Landtagsabgeordneten, mit Ausnahme einiger Volkskammerabgeordneter, noch nicht.

So gab es ein Problem bei der parlamentarischen Gepflogenheit, dass der Alterspräsident bei der konstituierenden Sitzung des Landtags das Recht zu einer Eröffnungsrede hat und danach auch die Wahl des neuen Präsidenten leitet.

Da sich aber der älteste Abgeordnete auch zur Wahl des Landtagspräsidenten stellen wollte, kam er eigentlich als Leiter der konstituierenden Sitzung nicht in Betracht. Nächstältester Abgeordneter war aber ein PDS-Abgeordneter und ehemaliger stellvertretender Kulturminister der DDR, dem man nicht das erste Wort im neuen Landtag überlassen wollte. Also wurde die Sitzungsleitung kurzerhand geteilt. Das erste Wort und die Eröffnungsrede hielt der wirklich älteste Abgeordnete Siegfried Geißler vom Neuen Forum, die Präsidentenwahl leitete dann der zweitälteste Abgeordnete Klaus Höpcke von der PDS-Fraktion. Es gab auch keine Beschwerden zu dem Vorgehen, es gab ja auch noch keine Geschäftsordnung. Es wurde eben in einigen Dingen sehr praktikabel gehandelt.

Nicht alle Dinge wurden allerdings nur praktikabel gehandhabt. Zum Teil waren auch schon Termine und Umsetzungen durch das Ländereinführungsgesetz der Volkskammer vorgegeben. Die Landesregierung war nach der gesetzlichen Bestimmung spätestens am 20. Tag nach der konstituierenden Sitzung des Landtages zu bilden. Allerdings: Die Ordnung, Satzung oder Verfassung des Landes wonach dieses zu praktizieren gewesen wäre, existierte ja noch nicht.

Ohne diese Regularien hätte man nur eine vorläufige Landesregierung berufen können.

So wurde in Thüringen im Schnelldurchlauf eine vom vorläufigen Ältestenrat bearbeitete vorläufige Landessatzung, quasi als Miniverfassung in drei Lesungen am 7. November 1990 beschlossen. Am 8. November konnten dann auf der vierten Sitzung des Landtags der Ministerpräsident gewählt und die Minister vereidigt werden. Übrigens, wie man an den Ausführungen der obigen Zeilen ablesen kann, lebten wir von sehr viel Vorläufigkeit, aber wir lebten nicht nur vorläufig.

Die provisorische Landessatzung hatte die Aufgabe, die grundlegenden staatlichen Normative zu fixieren. Eine umfassende Verfassungsdiskussion blieb der Erarbeitung einer Landesverfassung vorbehalten, die dann auch nicht nur Eckpunkte der staatlichen Ordnung umfassen sollte, sondern eine sogenannte Vollverfassung sein sollte. Die Landessatzung hatte ein Verfallsdatum, bis zu dem die Verfassung erarbeitet sein sollte – den 31. Dezember 1992. Solche Festlegungen haben gewöhnlich zur Folge, dass die Lebensdauer solcher Verordnungen besonders lang ist, so auch bei der genannten Landessatzung, deren Lebensdauer im Dezember 1992 auf unbestimmte Zeit verlängert wurde, bis eine endgültige Landesverfassung verabschiedet sei.

Der lange Weg zur Thüringer Verfassung

Die Erarbeitung dieser endgültigen Verfassung hat ihre eigene Geschichte. Grundsätzlich sollte es eine Vollverfassung mit Grundrechtskatalog und Staatszielen, auch gerade unter dem Eindruck der Diktaturvergangenheit unseres Landes sein. Und dann sollte diese Verfassung ein Werk der Thüringer Politik sein, das die Abgeordneten und die Bevölkerung in möglichst breiter Diskussion mit erarbeiten sollten. Es lagen bis zu diesem Zeitpunkt schon mehrere Verfassungsentwürfe vor – einer der Volkskammer vom Mai 1990, ein Entwurf des politisch beratenden Ausschusses, einer der juristischen Fakultät Jena und ein Entwurf des Justizministers Cäsar aus Rheinland-Pfalz – die aber alle nur begrenzt verwertet werden konnten und keine Zustimmung fanden. So ging Thüringen einen eher komplizierten Weg mit fünf Entwürfen der fünf Fraktionen des Landtages.

Aus diesen fünf Entwürfen wurde in mühevoller Kleinarbeit der Landtagsverwaltung erst einmal eine Synopse erstellt und diese dann im Verfassungsausschuss nach umfangreichen Diskussionen zu einem gemeinsamen Werk zusammengeführt. Vorsitzender dieses Verfassungsausschusses war ich, der aber im Verfassungsrecht erst einmal keine Ahnung hatte, in den Jahren 1991/1992. Wir hatten zu der Erarbeitung der gemeinsamen Vorlage renommierte Juristen als Berater zur Seite, aber keines der Mitglieder des Verfassungsausschusses war selbst Jurist. Wir haben dennoch mit logischem Denken und juristischer Hilfe eine respektable Verfassung unseres Freistaates auf die Beine gestellt.

Am 25. Oktober 1993 wurde diese Verfassung dann, wieder auf historischem Boden – den haben wir in Thüringen reichlich – auf der Wartburg mit sehr großer Mehrheit angenommen. Allerdings auch hier wieder vorläufig, denn die endgültige Verabschiedung brachte erst der Volksentscheid mit der nächsten Landtagswahl im Oktober 1994 mit etwa 70 Prozent.

Der lange Weg hat sich gelohnt. Und mit der Verabschiedung waren dann die Grundlagen geschaffen für den freiheitlich demokratischen Rechtsstaat nach 60-jähriger Diktatur von rechts und von links. In den ersten vier Jahren haben die Abgeordneten des Thüringer Landtages 188 Gesetze bearbeitet und verabschiedet, davon viele Artikelgesetze mit Teilen verschiedener Gesetzesinhalte – ein gewaltiges Arbeitspensum, aber viel wichtiger das erfüllende Bewusstsein, für unser Land Großes bewegt zu haben.

So wurde das erfüllt, was in der Präambel zur Verfassung festgehalten ist: „Im Bewusstsein des kulturellen Reichtums und der Schönheit des Landes, der leidvollen Erfahrungen mit überstandenen Diktaturen und des Erfolges der friedlichen Veränderungen im Herbst 1989 (...) gibt sich das Volk des Freistaats Thüringen in freier Selbstbestimmung und auch in Verantwortung vor Gott diese Verfassung."

Zwischen zwei Welten – Erinnerungen an die Wendezeit

Silke Zinke

Die Wende war für alle ein Ereignis – sie war Einschnitt in Biografien, ein Umbruch in der Gesellschaft und ein Neuanfang für viele. Für mich bedeutete sie den Übergang von einer Kindheit in der DDR zu einem Leben voller neuer Möglichkeiten.

Ich wurde am 15.08.1970 in der Lutherstadt Eisleben geboren und bin mit meinen Eltern, der Großmutter und meinem jüngeren Bruder in Hergisdorf im Mansfelder Land aufgewachsen.

Hergisdorf gehört zu den Grunddörfern. Das ist die Gegend zwischen Helbra und Eisleben, wo sich im Tal – im Grund – die Dörfer Ziegelrode, Ahlsdorf, Hergisdorf und Kreisfeld so aneinanderreihen, dass sie jeweils nur durch Ortseingangs- und Ausgangsschild getrennt wirken.

Auf der einen Seite des Tals sah man die Äcker und Wiesen der LPG-Bauern und auf der anderen Seite die Abraumhalde der Kupferhütte Helbra, wo bis in die Nacht hinein die rotglühende Schlacke abgekippt wurde. In der Mitte schlängelte sich das verunreinigte Wasser der Bösen Sieben abwärts bis in den Süßen See – links und rechts die Häuser der Bevölkerung.

Wer sich zu DDR-Zeiten dorthin verirrte, verband mit dieser Gegend das übliche Bild des real existierenden Sozialismus. Rauchende Schornsteine der Hüttenwerke, die schlechten Straßen aus

Kopfsteinpflaster, alte heruntergekommene Arbeiterhäuser mit Kohlefeuerung, schlechte Luft und einfache Menschen, die mit Kleintierhaltung und Gartenbau das Beste aus der schlechten Versorgungslage der DDR-Mangelwirtschaft machten.

Also alles weit weg von den „blühenden Landschaften", die Helmut Kohl den Menschen nach der Wende in Aussicht stellte. Selbst wenn dieses Symbol mehr wirtschaftlich für den Aufbau Ost stand und sinnbildlich gemeint war, erfüllte sich die Botschaft in ganz anderer Weise. Landschaft und Natur erholten sich schon deswegen, weil mit dem zunehmenden Niedergang der ostdeutschen Wirtschaft die Betriebe schließen mussten und die entsprechende Umweltbelastung einfach wegfiel. Für die Menschen selbst waren Arbeitslosigkeit und soziale Unsicherheit noch für viele Jahre das andere Licht am Ende des Tunnels. Die Jugend und wer mobil war, suchte sich eher im Westen eine neue Perspektive.

Frühe Kindheit in der Dorfschule

Ich kann mich noch erinnern, wir wohnten anfangs unter dem Dach der alten Dorfschule mitten in Hergisdorf. Mehr konnte sich meine Großmutter, die Umsiedlerin war, ohne Mann und mit drei Kindern nicht leisten. Sie verdiente sich nach dem Krieg bei den Bauern ringsum ein Zubrot, stoppelte Kartoffeln und fing wilde Hasen. Ich habe sie oft begleitet. Bei einer dieser Gelegenheiten fanden wir ein verwaistes, junges Wildkaninchen. Wir zogen es mit der Flasche groß. Es wurde handzahm und war lange mein bester Freund, bis es irgendwann in die Freiheit entlassen wurde.

Als die Geschwister meines Vaters ausgezogen waren und meine Mutter den Haushalt komplettierte, wohnten wir zu viert in der kleinen Wohnung. Hier gab es nur jeweils einen Kohleofen in der Küche und im Wohnzimmer. Die Außentoilette befand sich auf dem

Hof. Es gab kein Bad und keine Wanne. Gewaschen wurde sich über dem Waschbecken, gebadet am Wochenende in der Zinkwanne in der Küche. Die Schlafzimmer waren in den Wintern eisig kalt, da halfen manchmal nur ein dickes Federbett und eine Wärmflasche.

Eintritt in die DDR-Gesellschaft

Wie die meisten Kinder in der DDR startete mein gesellschaftliches Leben mit dem Besuch des Kindergartens. Ich war ungern dort und nutzte jede Gelegenheit zur „Flucht". Das hatte viele Ursachen. Die Erzieherinnen waren stets bemüht, den einheimischen Kindern – ich galt als Umsiedlerkind – die meiste Aufmerksamkeit zu widmen. Wer fremd war, wurde schon damals hart geprüft. Ob in Kindergarten, Schule oder Ausbildung, es galt, sich anzupassen und durchzusetzen!

Meine Großmutter stammte ursprünglich aus dem kleinen Dorf Lalovo, nahe der Kreisstadt Munkatsch, dem heutigen Mukatschewo in der Westukraine. Diese Gegend in den Karpaten wechselte mehrmals die Gebietszugehörigkeit, meist aufgrund von Kriegen. Mal gehörten die deutschen Siedler zum Königreich Ungarn, dann zur Tschechoslowakei, nach dem Zweiten Weltkrieg zur Sowjetunion – und seit 1991 sind sie Teil der Ukraine. Meine Großmutter flüchtete 1944 mit den Kindern und der Tante vor den nahenden russischen Truppen. Ihre Flucht führte sie über Tschechien nach Dresden und von hier mit einigen Zufällen bis ins Mansfelder Land.

Ein Mädchen und ein kleiner roter Koffer – Urlaubserinnerungen

Der Vater meiner Mutter war Lokführer und stammte aus Schweden. Er blieb der Liebe wegen in Deutschland, und so verbrachte ich viel Zeit im Sommer auch bei meinen Großeltern in Werben an der Elbe. Ich freute mich jedes Mal auf die Zugfahrt und meine Begegnungen mit den Störchen, die überall nisteten. Da meine Eltern kein Auto hatten und mein Großvater Lokführer war, wurde ich mit meinem kleinen, roten Koffer dem Zugpersonal übergeben und fuhr mit fünf Jahren allein von Hettstedt nach Stendal. Dort nahm mich der Großvater in Empfang, und ich blieb meist vier Wochen in der schönen Altmark.

Später verbrachte ich den Sommer auch bei Onkel und Tante in Zilly im Harz. Die Felder dort waren weitläufig, die Landschaft offen und einladend. Wer Richtung Wernigerode blickte, erkannte den Brocken – für DDR-Bürger bis zur Wende ein unerreichbares Ziel, da der Brocken zum militärischen Sperrgebiet erklärt wurde. Auch nahe Zilly verlief die Staatsgrenze. Die Zäune konnten wir nicht sehen, aber wer sich zu Fuß Richtung Westen aufmachte, stieß irgendwann auf Schilder wie: „Grenzgebiet Sperrzone – Betreten und Befahren verboten!"

Wir wussten, wo wir hingehen durften und hielten uns dran. Es weckte sicherlich meine kindliche Fantasie, wie die Welt wohl jenseits der Verbote aussehen würde. Für uns aber boten die Felder um Zilly genug Platz für Entdeckungen und die Abenteuer der Kindheit.

Die Mauer selbst war nie ein großes Thema, auch in vielen Teilen der DDR nicht. Die Menschen lebten damit und im Alltag hatte man ganz andere Wünsche, Sorgen und Probleme.

Fluchtgeschichten hörten wir selten, letztlich waren alle mehr damit beschäftigt, sich selbst und ihren Familien ein gutes Leben in der DDR zu organisieren.

Einschulung und Umzug

Mit der Einschulung 1977 zogen wir in unser neu gebautes Haus. Es war das erklärte Ziel meiner Eltern, etwas Eigenes zu schaffen, um nicht mehr unter dem Dach wohnen zu müssen. Von nun an hatte ich mein privates Zimmer und draußen viel Platz zum Spielen. Wie zu DDR-Zeiten üblich, wurde auch an die Selbstversorgung gedacht. Unser Hof war lebendig: Gemüsebeete, Hühner, Gänse, Tauben, Ziegen, Kaninchen, Katzen, sogar ein Hund und ein Schwein gehörten dazu. So wurde ich zeitig „eingearbeitet“ und lernte früh Verantwortung zu übernehmen. Egal welche Aufgaben, ich machte es einfach und probierte alles aus. Gerade in den langen Sommerferien war das mein Zeitvertreib.

In der Schule fiel mir das Lernen leicht. Ich konnte bereits vor der ersten Klasse fließend lesen. Wer eine schöne Handschrift hatte, durfte die Klassentagebücher führen. Das hat mir während meiner gesamten Schulzeit Spaß gemacht.

Die Schule in der DDR war meist eine Mischung aus Fahnenappell und Frontalunterricht, die Lehrkräfte wurden respektiert und wir sind mit der „kollektiven“ Freude am Lernen eigentlich gern in die Schule gegangen. Wir waren einfach nur Schüler – Freundschaften, Streiche, Spaß und soziales Miteinander – ein lebendiges Gefüge von Kindern, die gemeinsam groß werden und gleiche Ziele haben. Bei Klassentreffen von ehemaligen DDR-Bürgern werden sicher ähnliche Erlebnisse erzählt wie überall auf der Welt.

Manche Schüler hatten sicher ihre Schwierigkeiten mit den straffen Lehrplänen. Trotzdem waren die meisten Lehrer bemüht, die Klasse nicht in Gewinner und Verlierer zu teilen. Alle wurden mitgenommen und selbst nicht so gute Schüler schafften es mindestens bis zum achten, die allermeisten bis zum zehnten Schuljahr. Es gab keine Aufteilung in Haupt- und Realschule bzw. Gymnasium nach der vierten Klasse. Alle hatten die gleichen Schulbücher. Selbst Kinder aus Zirkusfamilien konnten jederzeit in einer anderen Stadt in den Unterricht einsteigen.

Jugendweihe – eine Herausforderung

In der achten Klasse hieß das ersehnte Ziel Jugendweihe – die offizielle Aufnahme in den Kreis der Erwachsenen. Sie wird in Ostdeutschland noch heute durchgeführt, meist als Ersatz zur kirchlichen Konfirmation. Konfirmationen gab es auch in der DDR. Oft waren es Pfarrerskinder bzw. kirchlich gebundene Familien, die dem allgemeinen Trend trotzten. Wer die offizielle Jugendweihe ausließ und den privaten kirchlichen Weg ging, machte seine Kinder zu Außenseitern. Es war nicht gern gesehen, wurde aber letztlich geduldet.

Ein solcher Anlass musste trotz der üblichen Versorgungsprobleme natürlich auch gefeiert werden. Die Plätze in den Gaststätten waren rar, für alles andere brauchte man Beziehungen. Wir Mädchen hatten es schwer, ein passendes Kleid zu finden. Es wurde privat geschneidert, von der Westverwandtschaft mitgebracht oder über Beziehungen zur Jugendmode und im Exquisit-Fachhandel besorgt. Mein ganzer Stolz war – ein weinroter Samtrock mit weißer Bluse – gekauft in der Jugendmode mit Extratermin früh um acht!

Bei der feierlichen Zeremonie war ich damit leider nicht allein auf der Bühne. Gefühlt jedes Mädchen trug irgendein Kleidungsstück aus diesem roten Stoff. Zum Glück gab es damals nur Schwarz-Weiß-Fotos.

Jugend in der DDR – so verbrachten wir unsere Freizeit

Die Freizeitgestaltung in der DDR wurde oft staatlich organisiert und nichts dem Zufall überlassen. Sport sollte es nicht unbedingt sein, aber über die GST (Gesellschaft für Sport und Technik) kam ich zum Blasorchester in meinem Heimatdorf. Dort lernte ich ab dem zehnten Lebensjahr Querflöte zu spielen. Teil des Orchesters zu sein, ermöglichte so manch tolles Erlebnis. Wir waren viel unterwegs, zum Beispiel bei den Jugendfestspielen in Berlin und mit dem Freundschaftszug in Minsk, Moskau und Leningrad. Höhepunkt: Unser Auftritt bei der Parade zum Tag des Sieges am 9. Mai!

Wir spielten tschechische Blasmusik auf unseren Konzerten, bei Volksfesten oder beim berühmten Pfingsttanz in den Grunddörfern.

Ein weiterer Vorteil der GST-Mitgliedschaft war der Erwerb des Führerscheins und damit der Schlüssel zur Freiheit. Ich lernte sehr zeitig Moped fahren und erfüllte mir meinen ersten großen Traum vom eigenen Fahrzeug – eine grüne Simson S 51.

Im Sommer 1989 folgte der Autoführerschein. Wir fuhren mit dem Trabi Kübel und zum Teil auch mit einem Robur, im Volksmund LO genannt. Der ganze Spaß kostete mich 120 Ostmark. Ein Traum für einen jungen Menschen, wenn man bedenkt, was heute ein Führerschein kostet.

Tanzveranstaltungen waren beliebte Freizeitaktivitäten in der DDR. Meine Disco fand in Kreisfeld statt, immer am Sonntag von 16 bis 22 Uhr. Ein verrauchter, unübersichtlicher Saal voll mit erlebnishungrigen Jugendlichen, bei denen der Alkohol nie zu kurz kam. Ich ging gern tanzen und oft machte es Spaß, aber wenn die „Handgreiflichkeiten" überhandnahmen, wurde so eine Veranstaltung schnell beendet. Dann blieb nur die Vorfreude auf den nächsten Sonntag.

Zukunftsträume und tatsächliche Berufsperspektiven

Ich hatte den Wunsch, Medizin zu studieren. Die Schulleistungen waren sehr gut, doch mein Vater galt nicht immer als „linientreu" – ein Nachteil in einem System, das Anpassung belohnte. Es wurden nur wenige zum Abitur delegiert. Aus unserer Klasse zwei – ich gehörte nicht dazu. Stattdessen musste ich mich für einen anderen Beruf entscheiden.

Wir konnten zwischen fünf (!) Berufen wählen. Vom Obstgärtner bis zum Zerspanungsmechaniker war alles dabei – meine Wahl fiel auf Krippenerzieherin. Eine Entscheidung, die meinen weiteren Weg bestimmen sollte. Für diesen begehrten Beruf gab es damals strenge Zugangsvoraussetzungen. Der Notendurchschnitt durfte nicht schlechter als 1,5 sein, man musste ein Instrument spielen können und einen Stimmtest bestehen. Dieser Test stellte für mich die einzige Hürde dar. Den schaffte ich nur knapp.

Erfreulicherweise wurden in unserem Jahrgang 13 Krippenerzieherinnen im Kreis Eisleben ausgebildet. So zog ich mit zwei weiteren Freundinnen aus meiner Klasse nach Halle ins Studentenwohnheim. Viele neue Leute, neue Freiheiten. Vom Dorf in die Stadt – es war toll – und weg von den Eltern!

Die Ausbildung war modern und anspruchsvoll. Sie zählte als mittleres medizinisches Fachschulstudium und wurde dual – im Wechsel vier Wochen Praxis und vier Wochen Schule – organisiert. Putzen, Laken falten, gesunde Säuglingsnahrung kochen gehörten genauso dazu wie die fachspezifische Ausbildung in Anatomie, Medizin und Pädagogik.

Der praktische Teil der Ausbildung fand in Kinderkrippen und zum Teil in Kinderarztpraxen statt.

Der Mauerfall – Gesprächsthema Nummer eins

Ende des zweiten Ausbildungsjahres begann die Wendezeit. Frühjahr und Sommer waren geprägt von den Nachrichten aus Ungarn, der beginnenden Flüchtlingswelle und den Berichten aus der deutschen Botschaft in Prag.

Die Unzufriedenheit und Unruhe in der Bevölkerung nahmen allmählich immer mehr zu. Ab September liefen die ersten Montagsdemos, an denen ich mich mit meinen Freundinnen sowohl in

Halle als auch in Eisleben regelmäßig beteiligte. Wir spürten die Veränderungen und hofften auf ein besseres Leben, eine Gesellschaft mit offenem Dialog und Reisefreiheit. Natürlich hatte man Angst vor Rückschlägen und Repressionen, in der Masse fühlte man sich aber irgendwie beschützt und bestätigt. Mit Spannung verfolgten wir jede Nachrichtensendung. An die Wiedervereinigung dachte zu diesem Zeitpunkt aber noch niemand.

Der 9. November 1989 – ich erfuhr vom Fall der Mauer aus den Westnachrichten und konnte es tatsächlich nicht glauben. In der Schule war es das Gesprächsthema Nummer eins, insbesondere an diesem Tag im Staatsbürgerkundeunterricht.

Am nächsten Tag fehlten die meisten meiner Mitschülerinnen. Alle hatten sich auf den Weg zur Grenze gemacht, um diese einmalige Chance nicht zu verpassen. Wir dachten, das geht bestimmt nicht lange gut. Ich blieb in der Schule und wollte meine Russischklausur schreiben. Die Klausur fiel aus, die Mauer blieb offen und die Veränderungen überschlugen sich.

Die erste neue Errungenschaft im Jahr 1990, der schulfreie Samstag, wurde von uns natürlich gefeiert.

Die erste Westfahrt – eine neue Welt

Meine erste Fahrt Richtung Westen machte ich erst im Sommer, nach meinem Abschluss als Krippenerzieherin. Ich fuhr ohne Eltern an den Tegernsee zu lieben Bekannten, die uns jahrelang mit Westpaketen versorgten. Die Leute hatten wir zufällig auf einer unserer wenigen Urlaubsreisen kennengelernt. Aus einer gemeinsamen Zugfahrt nach Polen entwickelte sich über Jahre eine intensive Freundschaft. Sie besuchten uns oft in der DDR, und nun kam ich …

Am Tegernsee lernte ich eine ganz andere Welt kennen. Ich weiß nicht, was größer war, meine Faszination oder meine Unsicherheit.

Porsche, Vollverpflegung, edle Geschäfte, teures Ambiente, selbst ein Besuch im Casino mit unseren Freunden durfte nicht fehlen. Ich habe zwei D-Mark im Spielautomaten versenkt – was für ein heilsamer Verlust! Von meinem ersten Begrüßungsgeld kaufte ich mir eine Schneejeans und war glücklich. Nach einer Woche war ich zurück im Mansfelder Land und in der Realität.

In der Familie konnten wir uns nun endlich ein Auto leisten. Ich hatte ja den Führerschein, meine Eltern nicht. Ein gebrauchter blauer Opel Kadett wurde zum Stolz der Familie. Wie sich später herausstellte, hätten wir dem Händler nicht so vertrauen sollen. Er stand mehr in der Werkstatt als auf der Straße. Trotzdem machten wir damit noch die erste große Reise.

Das Ende des Wagens nehme ich mal vorweg: In einer regennassen Kurve setzte ich ihn vor die Wand, bevor der TÜV uns scheiden konnte.

Eine Reise in die Vergangenheit

Im Sommer 1992 ging es nicht in den Süden, sondern in den Osten – in die Ukraine, nach Lalovo. Mein Vater wollte unbedingt seinen Geburtsort kennenlernen und die noch lebenden Verwandten besuchen. Das war ein sehr ereignisreicher Urlaub, insbesondere die Suche nach dem zurückgelassenen Haus und dem Grundstück meiner Großeltern. Nach der Vertreibung wurden russische bzw. ukrainische Familien dort angesiedelt.

Eine alte Frau lebte in unserem ehemaligen Haus unter sehr ärmlichen Umständen. Man merkte ihr die Angst an, dass wir nur gekommen sind, um ihr das Haus wieder wegzunehmen. Gefühlsmäßig konnten wir das verstehen, denn viele Ossis hatten ähnliche Erfahrungen mit einigen westdeutschen Alteigentümern gemacht.

„Rückgabe vor Entschädigung“ hieß damals die Losung. Viele Hausbesitzer im Osten steckten oft ihr ganzes Geld und Arbeit in ihre vermeintliche Immobilie und standen jetzt mit leeren Händen da, wenn der ehemalige Eigentümer seinen durch Flucht oder Enteignung verlassenen Besitz zurückforderte. Ein Witz machte die Runde: Die deutsche Einheit ist erst dann vollendet, wenn der letzte Ostdeutsche aus dem Grundbuch gelöscht wurde.

Die Lebensverhältnisse in Lalovo empfanden wir als sehr bescheiden und nicht vergleichbar mit den Zuständen in der DDR. Wir Ossis fühlten uns nach der Wende zwar als Verlierer, aber die Realitäten dort relativierten doch alles.

Die Gastfreundschaft war überragend. Abends wurde gegessen, getrunken und gefeiert, bis wir fast bei jeder Familie zu Gast waren. Alle freuten sich über die Besucher aus dem Westen mit dem Kofferraum voller Geschenke. In den Folgejahren machten sich viele Landsleute aus dieser Gegend auf den Weg Richtung Deutschland, um in der Bundesrepublik eine neue Heimat zu finden.

Am letzten Tag packte sich mein Vater als Erinnerung einen Weinstock aus der alten Heimat ein. Er blüht noch heute!

Das Leben in der neuen Bundesrepublik

In den Jahren 1990 bis 1994 unternahm ich mit meiner Freundin jedes Jahr tolle Reisen: Tunesien, Griechenland, Italien, Bodensee. Wir genossen die Freiheit. Mit der Mobilität nahm auch die Attraktivität der Disco wieder zu. Jedes Wochenende war der rote Ford im Einsatz – mein erstes eigenes (!) Auto und mein erster Kredit.

Nebenbei halfen wir ihrer Mutter in der Dorfgaststätte aus, die zu dieser Zeit noch gut besucht war. Auf diesem Wege lernte ich den Gastronomiebetrieb von innen kennen. Buffets zu Hochzeiten, Geburtstagen und sonstigen Anlässen einschließlich dem üblichen

Service stellten kein Problem mehr dar. So verdiente ich mir das Spritgeld und sammelte jede Menge Erfahrung, die ich später noch gut gebrauchen konnte.

Meine erste Stelle als Krippenerzieherin trat ich im September 1990 an. Diese kleine Kinderkrippe in Helbra betreute drei Gruppen im Alter von 0 bis 3 Jahren. Mit meiner Kollegin war ich für fast 20 Kinder einer Gruppe verantwortlich.

Die ersten negativen Überraschungen der neuen Bundesrepublik bahnten sich an. Unser Berufsabschluss wurde nicht anerkannt. Eine Zusatzausbildung von 100 Schulstunden galt plötzlich als Voraussetzung, um als staatlich anerkannte Erzieherin arbeiten zu können. Mit dieser neuen Befähigung konnten wir alle Kinder und Jugendlichen im Alter von 0 bis 18 Jahren betreuen, die Differenzierung zwischen den Berufsgruppen Krippenerzieherin, Kindergärtnerin, Hort- und Heimerzieherin fiel weg. Auch in anderen Berufen gab es Probleme mit den DDR-Abschlüssen, das trug zum allgemeinen Unmut bei.

Die Schattenseiten der Freiheit

Ab 1991 wurde es zunehmend absehbar, dass die meisten ihre Lebensplanung umstellen mussten. So schön wie die neuen Freiheiten sich anfühlten, es verloren auch viele ihren Arbeitsplatz. Das hatte Folgen. Sinkende Geburtenzahlen führten zum Abbau von Einrichtungen und Beschäftigung. Die Kinderkrippe aus DDR-Zeiten wurde relativ schnell geschlossen und wir zogen in eine neue Kindertagesstätte um.

Da ich die jüngste Kollegin war, musste ich ein Jahr später in den Betriebskindergarten der Hütte Helbra wechseln. Dort betreute ich 15 Kinder. Neben diesem gab es noch einen katholischen Kindergarten. Somit blieben nur noch zwei Kindertageseinrichtungen übrig, denn der Betriebskindergarten musste auch schließen, und meine kurze Beschäftigung endete mit Hilfe eines Sozialplans im Dezember 1993.

Jahre später freute ich mich über die Begegnung mit einem dieser Kinder aus dieser Zeit, das sich nun erwachsen bei unserem Träger bewarb. Die Kollegin arbeitet bis heute bei uns als Schulsozialarbeiterin.

Alle Mitschülerinnen meiner Seminargruppe, die ich noch kannte, mussten sich ebenso beruflich neu orientieren oder gingen in den Westen. Nur eine arbeitet bis heute in der Einrichtung als Erzieherin, in der sie nach der Wende begonnen hatte.

Auf neuen Lebenswegen

Meine folgende Erfahrung mit dem Arbeitsamt und der einhergehenden Bürokratie war kurz und prägend. Mein Berater wollte mir keine Finanzierung für die neue Ausbildung genehmigen, da ich vor Zusage des Bildungsträgers erst das OK des Amtes hätte einholen müssen. Gegen die Ablehnung legte ich Widerspruch ein und wurde zu einem zweiten Gespräch eingeladen. Der neue Berater hatte mehr Verständnis und erteilte mir den Bewilligungsbescheid für die Umschulung zur Heilpädagogin.

Ab Februar 1994 besuchte ich also nochmal die Schule und absolvierte erfolgreich die Ausbildung zur staatlich anerkannten Heilpädagogin. Mit Ende der Ausbildung im Sommer 1997 musste natürlich eine neue Arbeit gefunden werden.

Meine Bewerbungsphase lag in einer Zeit des wirtschaftlichen Tiefpunktes im Osten. Fast jede Familie (auch meine) hatte mit Arbeitslosigkeit zu kämpfen. ABM, Kurzarbeit, Umschulung, Vorruhestand und Frühverrentung waren Schlagworte der Zeit und einer ganzen Generation. Auf die wenigen offenen Stellen traf eine

Vielzahl von Bewerbern. Die Absagen waren vorhersehbar, trotzdem ließ ich mich nicht entmutigen und probierte es weiter.

Zum Glück hörte ich von einer offenen Stelle im Förderpädagogisch-therapeutischen Zentrum in Wippra. Nach erfolgreicher Bewerbung und einem Vorstellungsgespräch hatte ich endlich eine neue Beschäftigung als Heilpädagogin gefunden.

Wenn ich heute ehrlich bin, wollte ich ursprünglich in dieser Einrichtung nie arbeiten. Das geht auf meine erste Begegnung mit beeinträchtigten Menschen zurück. Während der Ferienspiele besuchten wir mit dem DRK die Rehabilitationseinrichtung im Schloss Rammelburg. Die Bilder, die mir in Erinnerung geblieben sind, waren für mich als Kind schwer zu verarbeiten. Geistig und körperlich behinderte Menschen kannte ich bis dahin nicht und wusste somit ihr Verhalten und Aussehen auch nicht einzuordnen. Dass ich später mal Freude daran finden würde, mit diesen Menschen zu arbeiten, konnte ich mir damals noch nicht vorstellen.

Im Juni 1997 begann ich meine neue Arbeit in einer Wohngruppe mit neun behinderten Kindern. Die Arbeit forderte mich sehr und ich merkte schon nach kurzer Zeit, es war der richtige Beruf.

Nach einem Jahr bekam ich durch die Leiterin Silvia Schmidt die Möglichkeit, mich für die stellvertretende Heimleitung zu bewerben. Sie kandidierte damals für den deutschen Bundestag und brauchte für die Zeit des Wahlkampfes natürlich eine Vertretung.

Ende September 1998 wurde Silvia Schmidt gewählt, und ich übernahm die Leitung des Wohnzentrums Wippra. Ich bekam sehr viel Unterstützung vom gesamten Team und es wurde mir sehr viel Vertrauen entgegengebracht.

Parallel dazu veränderte sich mein privates Leben. Ende 1998 lernte ich meinen Mann kennen, mit dem ich seit 2004 verheiratet bin. Im Januar 1999 trat er eine Stelle in einem großen Unternehmen in Hessen an. Unser gemeinsamer Plan war, dass ich schnell nachkomme. Einen neuen Job hatte ich bereits in Aussicht. Daraus wurde jedoch nichts, denn am Ende des Jahres bekam ich unser erstes Kind. Unsere Tochter erblickte in der Nacht zum Jahr 2000 als letztes Kind im Landkreis das Licht der Welt, und wir sind nur knapp dem Trubel eines Millennium-Babys entkommen.

Ich blieb im Osten und im Wohnzentrum Wippra. 2003 wurde unser Sohn geboren. Wir führen seitdem eine Pendlerbeziehung mit allen Herausforderungen, die dieses Leben so mit sich bringt.

In all den Jahren galt es immer wieder, Änderungen bei gesetzlichen Vorgaben umzusetzen, Einschnitte beim Personal zu bewältigen und große Umbauten zu organisieren.

In meinen Anfangsjahren konnten wir im Wohnzentrum – zusätzlich zum regulärem Personal – zehn Zivildienstleistende und zehn ABM-Kräfte beschäftigen. Diese Unterstützung endete 2012, ein Einschnitt, der die Versorgung der Bewohner nachhaltig beeinträchtigte. Einige dieser zusätzlichen Mitarbeiter blieben bei uns, begannen eine Ausbildung und wurden Teil unseres Teams.

Aufgrund der schwierigen Lage am Arbeitsmarkt bis in die 2010er Jahre gab es nur wenige Beschäftigungsmöglichkeiten, und wir konnten aus einer Vielzahl von Bewerbern engagierte Mitarbeiter gewinnen.

Sie alle leisten bis heute großartige Arbeit und geben den Menschen, die leider in unserem Land – auch in Sachsen-Anhalt – wenig bis gar keine Lobby haben, ein liebevolles und sicheres Zuhause.

Ich war gerne in Wippra und kann all meinen Kollegen nur für diese schöne Zeit und ihre Unterstützung danken. Ich freue mich jedes Mal, wenn ich im Wohnzentrum zu tun habe.

Die Ausbildung zur Erzieherin heute – ein kritischer Blick

Die Ausbildung zur Erzieherin hat sich in den letzten Jahren stark verändert – nicht immer zum Vorteil. Heute sind die Zugangsvoraussetzungen für diesen Beruf so durchlässig wie nie zuvor. Ein Hauptschulabschluss in Kombination mit einer Ausbildung zur Sozialassistenz reichen oft aus, um den Weg in diesen verantwortungsvollen Beruf zu gehen. Was früher mit hohen Anforderungen verbunden war, scheint heute oft zu leicht erreichbar. Persönlich erlebe ich, dass es kaum noch einheitliche Standards für diese Ausbildung gibt.

Das führt dazu, dass viele Absolventen mit unzureichender fachlicher und vor allem persönlicher Reife zu uns kommen. Für die Teams in den Einrichtungen bedeutet das einen enormen Mehraufwand, um neue Kolleginnen und Kollegen überhaupt erst alltagstauglich zu machen. Dabei ist eine qualifizierte Ausbildung der Mitarbeiter für die Kinder und Jugendlichen wichtig. Wenn wir dieser Verantwortung nicht gerecht werden, kann das langfristige Folgen für die Entwicklung der Bewohner haben. Ein Anspruch, der aus meiner Sicht heute nicht immer erfüllt wird.

Nach 23 Jahren im Wohnzentrum Wippra habe ich im November 2021 die Verantwortung der Leitung in neue Hände gegeben. Seitdem bin ich gemeinsam mit meinem Kollegen Jörg Rommelfanger in der Geschäftsführung beim „Trägerwerk Soziale Dienste Sachsen-Anhalt" tätig.

Es war ein bewusster Schritt, mit Wehmut, aber auch mit Vorfreude auf neue Aufgaben. Die Perspektive hat sich verändert: Vom direkten, täglichen Kontakt mit Bewohnern und Mitarbeitern hin zur strategischen Verantwortung für viele Einrichtungen. Es ist eine andere Art der Gestaltung, mit etwas mehr Abstand, aber auch mit mehr Einfluss.

Zusammenfassend möchte ich sagen, Erfolgsgeschichten sind immer einfach zu schreiben. Die Wende hat mein Leben verändert und mir hauptsächlich neue Chancen eröffnet.

Ob eine persönliche Bilanz positiv ausfällt, ist immer eine individuelle Entscheidung. Das hängt nicht nur mit der Zufriedenheit über den eigenen Lebensweg, sondern auch mit dem familiären Glück, dem beruflichen Umfeld und der gesellschaftlichen Anerkennung zusammen. Es gehört auch jede Menge Glück dazu, im richtigen Moment an der richtigen Stelle zu sein und dass eine Leistung sowohl gesehen als auch anerkannt wird.

Bei mir war es so, und dafür bin ich heute mehr als dankbar.

Zu den Referenten

Norbert Bischoff

Der studierte Diplom-Theologe arbeitete als Diakon in der Katholischen St.-Sebastians-Gemeinde in Magdeburg. Er war seit September 1989 Mitglied in der Beratergruppe Dom, die montags das Gebet um gesellschaftliche Erneuerung vorbereitete und durchführte. 1991 wechselte er in das neu gegründete Ministerium für Arbeit, Soziales und Gesundheit. Die Schaffung einer „Stiftung Familie in Not" wurde wesentlich von ihm umgesetzt. Norbert Bischoff zog es in die Politik. Von1994 bis 2016 war er Mitglied des Landtages von Sachsen-Anhalt und von 2010 bis 2016 bekleidete er das Amt des Ministers für Arbeit und Soziales in Sachsen-Anhalt.

Rudolf Dadder

Rudolf Dadder, geboren in Saarlouis, legte sein Abitur am Jesuiteninternat „Stella Matutina" in Feldkirch im österreichischen Vorarlberg ab und studierte anschließend Jura, Volkswirtschaft, Philosophie und Kommunikationswissenschaften. Danach war er Richter, dann Dozent und Rechtsanwalt. Für seine Kanzlei engagierte er sich seit der Wende in der ehemaligen DDR. Daraus ergaben sich viele soziale Engagements, die 1991 zur Gründung der „Trägerwerk Soziale Dienste" mit Hauptsitz in Weimar führten. Unter dem Autorennamen „Florian Russi" ist Dadder auch als Schriftsteller und Herausgeber einer philosophischen Reihe erfolgreich.

Heiko Björn Gustavs

Nach seiner Ausbildung zum Kernkraftwerkselektriker (1988 bis 1990) leistete er Zivildienst in der Neuruppiner Landesnervenklinik. Danach arbeitete er neun Jahre bundesweit als Techniker in der Industrie und Gastronomie. 2001 begann er ein Praktikum im Deutschen Bundestag und blieb dort elf Jahre als Büroleiter der sachsen-anhaltischen SPD-Bundestagsabgeordneten Silvia Schmidt. Heute sind beide als Geschäftsführer in der „Trägerwerk Soziale Dienste in Berlin und Brandenburg“ gGmbH tätig. Heiko Björn Gustavs gründete 2019 ein privates Kunstmuseum auf der Insel Hiddensee, das 2023 mit dem Landesdenkmalpreis ausgezeichnet wurde.

Bernd Kröber

Bernd Kröber absolvierte eine Lehre zum Elektromonteur. Im Laufe seiner Tätigkeit übernahm er die Abteilung für Elektro-Maschinen und Anlagenbau an der Berufsschule im thüringischen Meuselwitz. Von seiner Schule entsandt, studierte er an einer Ingenieurhochschule im sächsischen Zwickau, später auch in Berlin. Nach der Deutschen Einheit wechselte er in die Kommunalpolitik und übernahm die Position des Sozialdezernenten des Landkreises Hettstedt in Sachsen-Anhalt und nach einer Gebietsreform die Leitung des Krankenhauses im neuen Landkreis Mansfelder Land. Seit 2018 engagiert sich Bernd Kröber im „Trägerwerk Soziale Dienste“ in Weimar.

Frank Michael Pietzsch

Facharzt für Inneres und Radiologie, arbeitete nach seinem Studium und der Facharztausbildung u.a. am Kreiskrankenhaus in Belzig und an der Zentralklinik für Herz- und Lungenkrankheiten in Bad Berka. Er engagierte sich schon damals in der CDU, etwa als Stadtverordneter in Bad Berka. Nach dem Fall der Mauer und der folgenden Wiedervereinigung war er von 1990 bis 2004 Abgeordneter im Landtag von Thüringen und von 1994 bis 1999 dessen Präsident. Von 1992 bis1994 und von 1999 bis 2003 war er Minister für Soziales Familie und Gesundheit in Thüringen.

Werner Schreiber

Werner Schreiber absolvierte eine Lehre zum Betonbauer. Von Januar 1961 bis April 1962 leistete er seinen Wehrdienst bei der Bundeswehr. Danach: Reifeprüfung und Studium der Sozialarbeit und Sozialpädagogik an der Hochschule des Deutschen Caritasverbandes in Freiburg im Breisgau. Nach dem Staatsexamen und staatlicher Anerkennung 1966 war er zehn Jahre in der Jugendhilfe und in der außerschulischen Jugendarbeit tätig. Danach wechselte er in die Politik. Die relevantesten Positionen: 1974 bis 1979 Mitglied des Stadtverbandtages Saarbrücken. 1975 bis 1983 Mitglied des Saarländischen Landtages. Von März 1983 bis Dezember 1990 Mitglied des Deutschen Bundestages. Er engagierte sich vor allem in den Bereichen Arbeit und Soziales, aber auch in der Entwicklungszusammenarbeit und Außenpolitik. So war er für die CDU-Fraktion und seine Partei zuständig für Lateinamerika. Von 1990 bis 1993 bekleidete er die Position des Ministers für Arbeit und Soziales des Landes Sachsen-Anhalt. Schreiber wurde 1993 zum Bundesvorsitzenden der Christlich Demokratischen Arbeitnehmerschaft gewählt. Nach seinem Ausscheiden aus der Landesregierung Sachsen-Anhalt engagierte er sich als Vorsitzender der Stiftung Christlich Soziale Politik und war 19 Jahre Mitglied der Konrad-Adenauer-Stiftung. 2006 gründete er das Gesundheits-Netzwerk „Gesundheitsregion Saar“.

Silke Zinke

Silke Zinke, Jahrgang 1970, begann ihre Laufbahn als Krippenerzieherin und sammelte erste Erfahrungen in verschiedenen Kindertageseinrichtungen. 1997 wechselte sie in das Wohnzentrum Wippra, wo sie als Heilpädagogin tätig war. 1998 übernahm sie die Leitung des Hauses und arbeitete in den Folgejahren zusätzlich als Fachreferentin für Eingliederungshilfe im „Trägerwerk Soziale Dienste Sachsen-Anhalt". Nach einer kurzen Zeit als Prokuristin verantwortet Silke Zinke seit 2021 gemeinsam mit Jörg Rommelfanger die Geschäftsführung des Trägers mit zirka 60 Einrichtungen und Projekten im Bereich der Sozialen Arbeit. Zudem engagiert sie sich seit vielen Jahren im Jugendhilfeausschuss des Landkreises Mansfeld-Südharz für die Belange junger Menschen und ihrer Familien.

Bildrechte

Werner Schreiber: Gesundheitsregion Saar e. V.
Norbert Bischoff: privat
Rudolf Dadder: Guido Werner
Heiko Björn Gustavs: Klaus Pichler
Bernd Kröber: Klaus Pichler
Frank Michael Pietzsch: privat
Silke Zinke: Carl Pinkert

1. Auflage
© 2025 mdv Mitteldeutscher Verlag GmbH, Halle (Saale)
Bernburger Straße 2, 06108 Halle (Saale)
www.mitteldeutscherverlag.de, info@mitteldeutscherverlag.de

Alle Rechte vorbehalten.
Der Verlag behält sich die Verwertung der urheberrechtlich geschützten Inhalte dieses Werks insbesondere für Vervielfältigungen, Übersetzungen und die Einspeicherung und Verarbeitung in elektronischen Systemen auch für Zwecke des Text- und Data-Minings nach § 44 b UrhG ausdrücklich vor. Jegliche unbefugte Nutzung ist hiermit ausgeschlossen und strafbar.

Gesamtherstellung: Mitteldeutscher Verlag, Halle (Saale)
Lektorat: André Schinkel, Halle (Saale)

ISBN 978-3-68948-062-2

Printed in the EU